哲学史入門Ⅱ

デカルトからカント、ヘーゲルまで

JN025847

上野 修 Ueno

戸田剛文 Toda Takefumi

御子柴善之 Mikoshiba Yoshiyuki

大河内泰樹 Okochi Taiju

山本貴光 Yamamoto Takamitsu

吉川浩満 Yoshikawa Hiromitsu

斎藤哲也［編］ Saito Tetsuya

NHK出版新書

719

はじめに

『哲学史入門』第二巻へようこそ！

古代ギリシア哲学からルネサンス哲学までを扱った第一巻に続き、本巻では一七世紀から一九世紀までの西洋近代哲学史に入門します。指南役に迎えるのは、上野修さん、戸田剛文さん、御子柴善之さん、大河内泰樹さんの四人。この四方に、それぞれ一七世紀の哲学、イギリス経験論、カント哲学、ドイツ観念論について、インタビュー形式で語っていただくという本です。

念のために申し添えますと、第二巻だからといって、第一巻を読んでいないと理解できないということはありません。また、どの巻にも言えることですが、各章の内容は独立しているので、興味のある哲学者やトピックが扱われている章から読むことができます。

デカルト、スピノザ、ロック、ヒューム、カント、ヘーゲルといったビッグネームが次々に登場する近代哲学は、高校倫理の教科書でもかなりの紙数を割いて取り上げられているし、入門書も数多く刊行されています。

ただ、メジャーゆえの宿命と申しましょうか、定型的な図式に嵌《は》められやすいのも近代哲学史です。デカルト、スピノザ、ライプニッツを代表とする大陸合理論と、ロック、バークリ、ヒュームと連なるイギリス経験論とが対立し、それをカントが統合する。そのカントが遺した課題をドイツ観念論が引き受け、ヘーゲルに至って近代哲学は完成する――。

なんともわかりやすい整理ですが、こうした図式的な説明は、後世につくられた一つの見方にすぎません。第一巻の「はじめに」でも申し上げたように、哲学史の語り方は一つではありません。哲学者やトピックの選び方、つなげ方次第で、無数の哲学史を語ることが可能です。

その点で、本巻は他の二つの巻にも増して、**既存の哲学史を問い直すこと**に力点が置かれています。予告編として、ちょっとだけ触りを紹介しましょう。

たとえば上野さんは、一七世紀の哲学者であるデカルト、ホッブズ、スピノザ、ライプニッツという四人を「絶対」へのこだわりという共通性から読み解いていきます。戸田さんは、その後に続くイギリス経験論の哲学者たちの「知識観の変化」に着目します。この二つの章では、「大陸合理論vs.イギリス経験論」という教科書的な図式とは異なる哲学史の見方を楽しんでください。

反教科書的な哲学史語りという点では、後半も共通しています。御子柴さんは「大陸合理論とイギリス経験論の統合としてのカント哲学」という見方は時代遅れだと指摘し、理性主義者かつ形式主義者カントの凄みを熱量たっぷりに語ってくれます。大河内さんは「ドイツ観念論」というラベルの難点を示すとともに、正・反・合という「ヘーゲル弁証法」の通俗的な理解を一刀両断しています。

巻末には、哲学を愛好する盟友であり、「哲学の劇場」コンビとして知られる山本貴光さん、吉川浩満さんを招いた哲学史トークを収載しています。どうすれば哲学史を身近に感じられるのか。哲学をどうやって学んでいけばいいか。さらには哲学の役割から哲学史の拡張まで、哲学史と仲良くつきあうコツやヒントが満載です。

＊

本巻も前巻と同様、登場いただく研究者の語り口や息づかいが聞こえてくるような、臨場感あふれる構成を心がけました。手前味噌になりますが、「こんな哲学史講義が大学で聞けたら、絶対面白いはず!」という内容になったと思います。

各章の冒頭には、インタビューを読むうえで最低限知っておいたほうがいい基礎知識と、インタビューの読みどころを添えたイントロダクションを設けました。こちらで肩慣らしをして、インタビュー本編にお進みください。すでにある程度、哲学史に親しんでいる読者は、イントロダクションを飛ばしていきなり本編を読んでもかまいません。

また章末には、指南役が推薦する三冊のブックガイドを掲載しています。ピンと来たものがあったら、本書の次に手にとってみてください。

冒頭に記したとおり、興味ある章から読んでもらってかまいませんが、そのうえで、あらためて一巻から三巻までを通しで読んでもらうと、西洋哲学史のダイナミックなうねりや流れが伝わってくるはずです。願わくば、シリーズ三冊を完走していただければ幸いです。前置きはこのくらいにして、そろそろ近代哲学史の門をくぐりましょう!

哲学史入門II　デカルトからカント、ヘーゲルまで　目次

はじめに……3

第1章　転換点としての一七世紀　上野 修……17
——デカルト、ホッブズ、スピノザ、ライプニッツの哲学

イントロダクション
「いきなり始める」哲学　斎藤哲也……19
デカルトが発見した「我」の正体とは？
ホッブズ——機械論と社会契約とのつながりはいかに？
スピノザの神の特異さ
ライプニッツの「最善世界選択説」と「モナド論」
インタビューの読みどころ

転換点としての一七世紀　上野 修　インタビュー：斎藤哲也……30
「大陸合理論」は後付けの整理でしかない
デカルトは何を発見したのか……33
一七世紀の哲学者は「絶対」を本気で考えた
デカルトが発見した「私」
神の存在証明の背景
スピノザとライプニッツにとっての「神」……39
スピノザの「神」を言い換えると……
崖っぷちから引き返すライプニッツ
神の捉え方の違い
ライプニッツの「最善世界選択説」
二元論をどう読むべきか……51
デカルトの機械論的自然観は中途半端？
心身問題をどう考えるか

機械論的な発想……57
スピノザの政治哲学
「自然の権利」は消滅しない
メカニックな国家論
モナドとは何か……65
形而上学的な点
真理は隠されている
第1章ブックガイド……71

第2章　イギリス哲学者たちの挑戦　戸田剛文……73
——経験論とは何か
イントロダクション
イギリス経験論トリオ＋1　斎藤哲也……75
ロック——知識の基盤は経験にあり
バークリ——「存在するとは知覚されることである」

ヒューム――心は「知覚の束」にすぎない
トマス・リード――常識哲学
インタビューの読みどころ

イギリス哲学者たちの挑戦　戸田剛文

インタビュー：斎藤哲也……85

「イギリス経験論」という括りは有効か……85
ジョン・ロックの認識論
ベーコンとホッブズの位置づけは？

知識観はいかに変化したか……90
①ロックとバークリの場合
実在しているのは観念である
②ヒュームとトマス・リードの場合
リードの「第一原理」

「常識哲学」とは何か……101
バークリのどこが「常識的」？
バークリとリードの「常識」

イギリス哲学者たちの世界観・価値観……106
「神」の使われ方
バークリの自然科学観
抽象観念と一般観念
言語行為論の先駆
哲学史の学び方……116
哲学研究のきっかけ
自分なりのストーリーを描け
第2章ブックガイド……121
第3章　カント哲学　御子柴善之……123
――「三批判書」を読み解く
イントロダクション
人間的「自由」のための哲学　斎藤哲也……125
純粋理性を「批判」するとはどういうことか

コペルニクス的転回
カントの道徳論は自由と結びついている
反省的判断力とは何か
インタビューの読みどころ

カント哲学　御子柴善之　インタビュー：斎藤哲也……136

ヒュームとルソーからの影響……136
「大陸合理論とイギリス経験論の総合」はほんとうか？
「独断のまどろみ」とは何か
特権意識からの解放

「理性を批判する」とはどういうことか……145
「超越論的」をどう理解するか
理性・悟性・感性の役割
統覚——まとめ上げる能力

アンチノミーと定言命法……155
アンチノミーとは何か

カントは道徳感情をどう考えたか
定言命法はなぜ唯一なのか
『純粋理性批判』と『実践理性批判』のつながり……167
「自由意志なんてない」のか?
純粋理性を実践的に使う
形式主義の真骨頂
カントは神をどう捉えたか
美の判定を取り扱う『判断力批判』……177
「第三批判」のプラスとマイナス
『判断力批判』の位置づけ
なぜカントを読むのか……183
第3章ブックガイド……186

第4章　ドイツ観念論とヘーゲル　大河内泰樹……189
――矛盾との格闘

イントロダクション
哲学史上、稀に見る濃密な時代　斎藤哲也……191
フィヒテの「自我哲学」
シェリングの「自然哲学」と「同一哲学」
ヘーゲルの『精神現象学』
インタビューの読みどころ

ドイツ観念論とヘーゲル　大河内泰樹　インタビュー：斎藤哲也……201
ドイツ観念論はなぜ難しいのか？
フィヒテ→シェリング→ヘーゲルという図式

意識と自然をめぐって……207
意識と自然の関係を哲学する
三つの根本命題

「精神」とは何か……214

ヘーゲル登場！
『精神現象学』のコンセプト
自由をいかに証明するか
弁証法とアウフヘーベン……222
弁証法はヘーゲルの代名詞なのか
アウフヘーベンとは
ヘーゲルの「啓蒙の弁証法」
ヘーゲル哲学の継承と反発……231
スピノザの影響
ヘーゲル以降のドイツ哲学
ヘーゲルはなぜ批判されたのか
自然哲学の可能性
ヘーゲル哲学の現代的意義
第4章ブックガイド……246

特別章　哲学史は何の役に立つのか　山本貴光×吉川浩満……249
哲学史から何を学ぶか
「神」という説明原理
哲学の領分とは何か
哲学史は「芋づる式」で学ぶべし
「インスタントな知」には限界がある
哲学史を拡張する
知のインフラへの視点
哲学の専門分化
百科全書的な知を求めて

関連年表──西暦1600−1900年代……279

おわりに……283

第 1 章

転換点としての一七世紀

——デカルト、ホッブズ、スピノザ、ライプニッツの哲学

上野　修

上野 修

うえの・おさむ

1951年、京都府生まれ。大阪大学名誉教授。
大阪大学大学院文学研究科哲学・哲学史博士課程単位取得退学。
専門は西洋近世哲学、哲学史。

主要著書

『スピノザの世界——神あるいは自然』(講談社現代新書、2005年)

『スピノザ——「無神論者」は宗教を肯定できるか』
(シリーズ・哲学のエッセンス、日本放送出版協会、2006)

『デカルト、ホッブズ、スピノザ——哲学する十七世紀』
(講談社学術文庫、2011年←『精神の眼は論証そのもの——デカルト、ホッブズ、スピノザ』〔学樹書院、1999年〕の文庫化)

『哲学者たちのワンダーランド——様相の十七世紀』(講談社、2013年)

『スピノザ『神学政治論』を読む』(ちくま学芸文庫、2014年)

共編著

『スピノザと十九世紀フランス』(岩波書店、2021年)

『主体の論理・概念の倫理——二〇世紀フランスのエピステモロジーとスピノザ主義』(以文社、2017年)

訳書

スピノザ全集3『エチカ』(岩波書店、2022年)

スピノザ全集5『神、そして人間とその幸福についての短論文』
(岩波書店、2023年)

イントロダクション

「いきなり始める」哲学

斎藤哲也

本章には、一七世紀に活躍した**ルネ・デカルト**（一五九六―一六五〇）、**バルフ・デ・スピノザ**（一六三二―七七）、**トマス・ホッブズ**（一五八八―一六七九）、**ゴットフリート・ライプニッツ**（一六四六―一七一六）という四人の哲学者が登場する。このうちデカルト、スピノザ、ライプニッツの三人は、哲学史の教科書では「**大陸合理論**」という括《くく》りで解説される。ここで言う「大陸」とはヨーロッパ大陸のことで、大陸合理論は、島国であるイギリスに特徴的な「イギリス経験論」と対比をなす哲学的立場として整理されるのが一般的だ。合理論とは英語でいえばrationalismだから、理性主義とも言い換えられる。

しかしインタビュー本編で上野修さんが語っているように、大陸合理論もイギリス経験論も後世の整理にすぎない。そこで本章では、この三人に加えて、上野さんが一七世紀の哲学史を論じた『哲学者たちのワンダーランド』や『デカルト、ホッブズ、スピノザ』で取り上げているホッブズを加えた四人にフォーカスすることにした。

以下、インタビューを読むうえで前提としている基礎的な知識とともに、インタビューの論点を駆け足で紹介していこう。

デカルトが発見した「我」の正体とは?

デカルトの代表作『方法序説』(一六三七)の正式名称は『みずからの理性を正しく導き、もろもろの学問において真理を探究するための方法についての序説およびこの方法の試論(屈折光学・気象学・幾何学)』だ。この名称が示すように、『方法序説』はもともと「屈折光学」「気象学」「幾何学」という科学論を収めた書籍の「序文」にあたるものだった。つまり、「私はこういう方法で学問をするぞ!」というマニフェストが『方法序説』に他ならない。

その方法論を煎《せん》じ詰めれば「**確実性と明証性**」となるだろう。感覚や想像力はあてにならない。お手本になるのは数学だ。「2+3=5」のように、理性を用いて、確実かつ明晰《めいせき》判明な真理に到達するにはどうすればいいか。

デカルトは、ありとあらゆる事柄を疑うことから始める。いきなり確実な真理を探すのではなく、疑うことにより確実ではない事柄を洗い出し、それでも残るものを確実な真理とする。これが有名な「**方法的懐疑**」だ。

まず、色や匂いなんて、人によって見え方や感じ方が違うので、確実な真理と言えるはずがない。自分の肉体の存在は確実だろうか。いや、いまは夢のなかかもしれない。「2＋3＝5」のような数学的な真理だって、悪い霊が私を誤らせようとしているのかもしれない。

こうして疑い尽くした先に、デカルトは「**我思う、ゆえに我あり**」という絶対に疑うことのできない確実な真理を見いだし、哲学の第一原理として受け入れた。

しかし、**デカルトが発見した「我」とはいったい何なのか**。インタビューのなかで、上野さんはこの「我」の正体を意外な言葉で言い換え、「我思う、ゆえに我あり」の一般的な解説に異を唱える。哲学史の面白さを味わえるくだりなので、ワクワクしながら読んでもらいたい。

『方法序説』では、哲学の第一原理である「我思う、ゆえに我あり」の発見の後に、

「神の存在証明」「外界の存在証明」と続いていく。結論だけを述べれば、神は、人間に理性を与え、その理性によって正しく認識できるように世界を創造した。とはいえ、人間の認識は完全無欠なわけではない。色や音といった感覚は、見間違えたり聞き間違えたりする。だが、事物の数学的なあり方ならば、正しく理性を働かせれば間違えることはない。なぜなら、そのように神が創造しているからだ。

とすると、世界は、神を除けば、理性を用いて認識することを担う「精神（心）」と、数学的につくられている「物体」という二つの実体（他の影響を受けず、それじたいとして不変のもの）からできあがっていることになる。これが「**物心二元論**」と呼ばれるものだ。そして、精神の本質（属性）は思惟《しい》（考えること）であり、物体の本質（属性）は延長（空間的な広がり）であるとデカルトは考えた。このとき身体は、心ではないので物体の側に割り振られる（心身二元論）。

ただ、デカルトは『情念論』（一六四九）のなかでは、精神と身体の結びつきについて論じている。現代においてもなお議論が続く心身問題を、実際のところ、デカルトはどのように考えていたのか。これもインタビューの読みどころの一つだ。

ホッブズ——機械論と社会契約とのつながりはいかに？

デカルトの物心二元論にもとづけば、自然の事物は数学的に把握できる物体にすぎない。身体も含めた自然の事物を、数学的に把握できる機械の部品のように捉える見方のことを「**機械論的自然観**」というが、機械論的自然観はデカルトの専売特許ではない。というより、デカルト以上にラディカルな機械論を示した哲学者がいる。それがホッブズとスピノザだ。

ホッブズはデカルトより八歳年上。ロックやルソーと並んで社会契約説の論者として有名だが、『物体論』『人間論』『市民論』という三部作では、徹底した機械論的な哲学を展開している。代表作『リヴァイアサン』（一六五一）はそのエッセンスをまとめた著作だ。

ホッブズによれば、自然も人間も国家も物体であり、あらゆる現象は、物体とその運動から説明される。だからデカルトのように、精神が実体として存在するとは考えない。人間の感覚、記憶、想像力、思考、意志、行為もすべてメカニックな因果の支配下にある。その意味で、ゴリゴリの唯物論者であり機械論者だ。

でも、人間も国家も機械的な物体なら、いったいなぜ国家の成立に社会契約なんて説明が必要になるのか。ホッブズの社会契約説とは、自然状態では「**万人の万人による闘争**」が生じ、人間はそこに死の恐怖を感じるから、**闘争状態を避けるために、各人の自然権を一人の人間または合議体に譲り渡す**というものだ。そうして成立するのが国家である。

ホッブズのなかで、社会契約説と機械論的な哲学はどのようにつながっているのか。こんな問いを持つと、ホッブズの哲学はがぜん面白く思えてくる。

スピノザの神の特異さ

スピノザはデカルトよりもだいぶ年下で、三〇年以上離れている。だからホッブズやデカルトの議論は当然知っていて、その弱点を乗り越えるような哲学を構想した。デカルトは、精神と物体という二つの実体から世界を説明する二元論の哲学を打ち立てた。ただ、その背後には神という究極の実体が控えている。デカルト哲学の屋台骨を支えているのは、ユダヤ-キリスト教的な全知全能の神だ。

一方、スピノザの神は、ユダヤ-キリスト教的な神とは大きく異なる。一神教の神は、自然の事物を超越し、世界そのものをつくり出す存在だ。それに対して、スピノザが代表作『エチカ』（一六七七）のなかで定義する神とは世界そのもの。スピノザによれば、人間の精神や身体、動物、植物、石ころはすべて神のあらわれである。そして、神はあらゆるものの超越的な原因ではなく、内在的原因だ。このことをスピノザは「**神即自然**」と表現した。森羅万象は神なのだから、これは一元論の哲学になる。

ではなぜ「神即自然」という一元論の哲学が機械論なのか。上野さんは著書のなかで次のように説明している。

実際、スピノザの「神」とは、いかなる目的もなしにひとりでに作動する力能の別名に他ならない。すべてがそれのうちにあり、それがすべてであるようなその神＝自然は、まさにそうした自己作動という仕方で、自己の原因であると同じ意味で万象の原因なのである。——『デカルト、ホッブズ、スピノザ』講談社学術文庫、一四頁

スピノザの「神＝自然」は**自己作動する機械**である。インタビューのなかで、上野さんはスピノザの神を別様に言い換え可能だと指摘する。そして驚くべきことに、その別名はデカルトの「我」が言い換えられるものとほとんど同じなのだ！

さて、スピノザは『神学政治論』(一六七〇)や『国家論』のなかで、独特の政治哲学を論じている。ここでもまたホッブズと同様の問いが頭をもたげてくる。「神即自然」の機械論的・必然主義的な哲学と政治哲学はどのように結びつくのか、と。インタビューでは、ホッブズの政治哲学や国家論と比較するかたちで、スピノザの政治哲学を説明してもらった。スピノザ研究の第一人者である上野さんの解説を堪能されたい。

ライプニッツの「最善世界選択説」と「モナド論」

ライプニッツは本章で取り上げる四人のなかでは最年少で、一八世紀にも足をかけている。上野さんは、そこに他の三人とライプニッツとの違いを看取している。

ライプニッツに『弁神論』(一七一〇)という著作がある。弁神論とは神の善性を弁護する議論のことだ。この世界には至るところに悪があふれている。**神が全知全能ならば、なぜこんなに悪が跋扈《ばっこ》しているのか**。

『弁神論』のなかで持ち出されるのが、有名な「**最善世界選択説**」である。神は無限に多くの可能な世界から、もっとも完全で調和の取れた世界を創造することを選んだ。

つまり、この世界は完全ではないかもしれないが、可能な選択肢のなかでもっとも善い世界であるというわけだ。

はたしてこれで神を弁護したことになるのか。どうにも釈然としないが、さらにライプニッツには「**モナド**」という厄介な概念がある。

モナドはギリシア語で「一つのもの」を表すモナスに由来し、日本語では「単子」などと訳される。ライプニッツによれば、世界は無数のモナドからできている。しかしモナドには、広がりも形もないので、物理的な実体ではない。さらに無数のモナドは独立していて、相互に出入りできるような窓はないが、個々のモナドは森羅万象の表象を持つという。

これだけ読んでも、何のことやらさっぱりだろう。安心してほしい。上野さんも「モナドは難しい」と語っている。

でも、モナド論がわからないことには、ライプニッツ哲学の芯《しん》を把握したことにならない。インタビューでは、できる限りわかりやすくモナド論のエッセンスと、それが最善世界選択説とどのようにつながっているかを語ってもらっている。それを通じて、デカルトともスピノザとも異なるライプニッツの神の内実にも迫れるはずだ。

インタビューの読みどころ

先述した『哲学者たちのワンダーランド』のなかで、上野さんは四人の哲学は、いずれも「いきなり始める」という特徴があると述べている。それに続く箇所を引用しておこう。

有名なデカルトの『省察』は、一生に一度、信じていたことのすべてを根こそぎくつがえしてみよう、と始まる。スピノザの『エチカ』は何の断りもなくいきなり定義と公理で始め、ほんの数ページで「神」の存在に到達してしまう。ホッブズはホッブズで、国家論の前にまずは物体論だと言ってなぜか「計算すなわち論理」から始めるし、ライプニッツは、これもいきなり誰も聞いたことのない「モナド」の話を始める。何を言い出すのだこの人は、というところが、みなまことに面白い。

――『哲学者たちのワンダーランド』講談社、九頁

この一節に示されているように、上野さんは一七世紀の哲学者の特徴を見事に鷲《わし》づ

かみにしている。インタビューでは、著書とは違うキーワードで四人の哲学の特徴を言い表し、そこから各論に入るという構成になっている。この建て付けの妙を念頭に置きながら、インタビューを読み進めてもらいたい。

もう一つの読みどころは、この四人を縦横無尽に比較対照する語り口だ。個々の哲学者の説明だけではピンと来なくても、他の哲学者と比較することで、オリジナリティがくっきりと浮かび上がってくる。なかでも、それぞれの哲学者にとっての神の位置づけは、一七世紀の哲学を理解するうえでは決定的に重要だ。**神なくして一七世紀の哲学は語れない。**

転換点としての一七世紀

上野 修
インタビュー：斎藤哲也

「大陸合理論」は後付けの整理でしかない

――デカルトやスピノザ、ライプニッツが登場する一七世紀の哲学というと、大陸合理論という括りで説明するのが定番になっています。こういう区分をどのように考えればいいでしょうか。

上野 そもそも哲学史なんて歴史の浅い分野ですよね。せいぜいドイツのカント以降の学問でしょう？ それ以前、一七世紀のデカルトやスピノザは哲学史の勉強なんてしてませんよね。

はっきり言って、そんなものはなかったんですよ。カントまでは、誰も哲学史なんてやってなかった。だから「大陸合理論とイギリス経験論」みたいな対比も、後世になって、カント的な問題意識で整理したものでしかありません。

この枠組みは、カント的な問題意識からすればたしかにありうる。デカルトやスピノザ、ライプニッツのように、経験には与えられていないものまで理性でわかったつもりになるのはおかしいんじゃないかと、カントは思ったわけです。だからといって経験だけに張り付いてものを考えようとしても、じゃあ数学はどう説明できるのかという話になりますよね。やったことのない計算の答えも、確信をもって出すことができるわけですから。

それでカントは両方に足を掛けて、さらに乗り越えるかたちで『純粋理性批判』を書いているわけですよね。カントの問題意識はそういうふうに言えるし、後から振り返ればそういう整理は有効かもしれません。でも当の哲学者たちは、そんなことは意識せずに哲学をやっていた。ここが大事な点です。

——すると、「大陸合理論」や「イギリス経験論」は一つの見方にすぎないわけですね。

上野　ええ。一七世紀は私の研究している時代ですが、当時はイギリスの哲学とか大陸の哲学なんていう意識はないんです。ロンドン、パリ、アムステルダムを行ったり来たりし、さかんに文通もしている。当時の知識人の共通語はラテン語です。どこ行ったってそれでコミュニケーションできる。ホッブズはフランスに亡命していましたし、ライプニッツもロンドンに行ったりパリに行ったりしてました。オランダにいるスピノザも、ロンドンの王立アカデミーの事務総長と文通してましたし。反対にジョン・ロック（一六三二―一七〇四）はオランダに亡命してきている。当時の知の世界は、僕らが思っているよりもずっと開かれていたわけです。

だから哲学史の年表をたどればデカルトやスピノザの哲学がわかるというわけじゃありません。デカルトがほんとうに考えていた問題を理解しようと思ったら、後から作った整理や図式を使うんじゃなくて、結局テキストのなかに自分で入っていくしかないんですよ。哲学の現場はそこにあるんですから。

そんなのは面倒だと思うかもしれないけど、テキストを読むのがほんとうに一番の近道なんです。いまや古典扱いされるデカルト、スピノザ、ライプニッツといった哲学者は、テキストのなかでは現役です。テキストに入れば、彼らはわれわれと同時代人なんです。そうでなかったらテキストを読む必要はありません。

デカルトは何を発見したのか

一七世紀の哲学者は「絶対」を本気で考えた

――上野さんが書かれている『哲学者たちのワンダーランド』を読むと、いまのお話はよくわかります。この本で上野さんは、一七世紀の哲学者であるデカルト、スピノザ、ホッブズ、ライプニッツのテキストのなかにまさに入り込んで、大陸合理論という括りには到底おさまらないような議論を展開しています。

本のなかでも触れられていますが、まずこの四人に象徴される一七世紀の哲学の特徴からお話しいただけますか。

上野 いま挙げられた四人の特徴は何かというと、「**絶対**」ということなんです。

――「絶対」?

上野 もう、他がない。「これだけ」というね。一七世紀は、そういう「絶対」を本気で考えた時代だと思うんです。順番に見ていきましょう。

デカルトの場合、キーワードは「**確実性**」です。「絶対確実なものはあるのか」ということが、デカルトにとっては大問題でした。確実性と聞くと、八〇%とか九〇%という、確かさの度合いのように感じてしまうけれど、絶対確実とはそういうものじゃない。**そうであって、それ以外では絶対ありえないもの、われわれはそういうものを認識できるのか**という問いに、デカルトはずっと取り憑《つ》かれていたわけです。

そこで出てくるのが、有名な「**方法的懐疑**」です。あのときにデカルトが発見したものはいったい何だったのか。私の考えでは、それはよく言われる主観性とか精神とかじゃなくて、「現実性」だったんだと思うんです。

方法的懐疑では、「いま見ている世界は実は夢じゃないか」と疑います。「でも夢のなかだって数学の2+3は5だ」、「いや、欺《あざむ》く神がいて、私がそう思うように仕向けているだけかもしれない」というように、疑いが極端になっていく。もちろんデカルトは極端とわかって、あえてやっているんです。そうして最後に、「しかし、こんなふうに疑って思惟している私は疑えない」ということになる。

でも、『省察《せいさつ》』(一六四一)という本を読むとわかりますが、最後に残った「私」がいったい何なのかは、まだわからないって言ってるんですよ。原文は「いまや必然的に存在するところの私がいったいいかなるものであるか、私はまだ十分には理解していない」(『省察』第二省察、上野修訳)となっています。

この時点では、それを精神とも実体とも言ってない。要するにデカルトは、何だかわからないような「私」をまず見つけてしまうんです。それは、どんなに有能な欺き手であっても「何ものでもないようにすることはできないもの」、つまり「ない」と絶対に言えないものです。方法的懐疑で見たとおり、他のものは「ない」と言える可能性がある。でも「私」だけは無理なんですね。

デカルトが発見した「私」

上野 私は、ここで**デカルトが発見した「私」は「現実性」そのもの**だと考えています。

——上野さんの言う「現実性」って、私たちが日常的によく使う「リアリティ」とか「現実感」とは違うものですよね。

上野 ええ。「現実って何？」と聞かれたら、ふつうは目の前を指さして「これ」と言うしかないじゃないですか。何であるかと言えなくても「これ」だって。ところが方法的懐疑は、「これ」が私の思っている世界でないのかもしれないという可能性を開いてしまう。そ

ルネ・デカルト（1596–1650）
フランス・ハルス作、17世紀後半
ルーヴル美術館

れはぜんぶ夢にすぎないかもしれないし、2＋3が5にならない世界かもしれない。そうすると、自分のいる世界がわからなくなるわけです。でも、最後に発見する「私」の現実性はどうやっても残る。この「私」の存在だけは、現実でないことが絶対に不可能な何かですから。すると、そこがどこであろうと「私」のいるところ、そこが現実だ、ということになる。デカルトが発見した「私」というのは、**現実を固定する絶対点**のようなもので、その意味で絶対確実な現実性のことなんです。

――でも「我思う、ゆえに我あり」と言っているから、「私」は「思う我」のことだと、ふつうは教わると思うんですが。

上野　それ、実は順序が逆なんですよ。**「我思う」は「我あり」の前に来てはいない**んですね。

――なんと！

上野　この引用を読めばわかると思います。

私はある、私は存在する。これは確かである。だが、どれだけの間か。もちろん私が考えている間である。なぜなら、もし私が考えることをすっかりやめてしまうならば、おそらくその瞬間に私は、存在することをまったくやめてしまうことになるであろうから。

——『省察』第二省察、上野修訳

ここにあるように、「考える（思う）我」は「この現実としか言えない私とは何なのか」という問いがまずあって、その後に答えとしてやって来るんです。

神の存在証明の背景

——何だかわからない「私」の発見が最初にありきなんですね。では次の問いです。『方法序説』や『省察』を読むと、「我思う、ゆえに我あり」の後、神の存在証明に入っていくじゃないですか。ここで「?」となります。

上野　これも一七世紀の特徴ですが、神が、しっかりと「いる」んですよ。一八、一九世紀と時代が下るにつれてだんだんどうでもよくなっていくんですけどね。でも一七世紀は

「マジ、神いるから」という感じがあるわけです（笑）。というより、神を持ってこないと哲学ができないようになっているんですね。

ただ、一七世紀の「神」はもはや宗教的な意味で「いる」のではなくて、「絶対」という意味で「存在する」んですね。「これしかない」という絶対性って結局何なのかと問うと、「神」しかないんです。**神は唯一絶対の存在で、すべてのものはそこに依存しているんだ**と。

デカルトはそういう神の存在を証明しようとするわけです。それにはちゃんと意味があります。方法的懐疑だけだと、「考える私がある」ことは絶対確実だとしても、他のことに絶対の確実性は望めないんです。

――「2＋3＝5」も絶対確実とは言えないわけですね。

上野　そうです。

たまたまこの現実では「2＋3＝5」になっているけれど、それは自分の考えでどうこうできるものじゃなくて、与えられたものです。つまり、この現実を支えているのは「私」じゃないんですね。じゃあ何が「2＋3＝5」という数学的真理を与えているのか、何が現実を支えているのかと問うたら、それは神しかいない。逆に言えば、そういう絶対的な神がいなかったら、自分の思考の底、世界の底が抜けてしまうわけですね。

実際、一七世紀という時代は世界の底が抜けようとしていた時代です。科学革命が起こって、地球中心の閉じた宇宙が成り立たなくなり、無限宇宙になる。宗教戦争が勃発して、神がいるかどうかも怪しくなっていく。そうやって絶対が何も見えなくなったところで、それでも**絶対性を見いだそうとするプロジェクト**に、この時代の哲学者たちは取り組んでいたと思うんですよ。デカルトはその最初の大きな一歩を踏み出したんです。

スピノザとライプニッツにとっての「神」

スピノザの「神」を言い換えると……

――では、スピノザはどういう「絶対」を考えようとしたんですか。

上野　スピノザは「これしかない」という現実を、概念として明らかにしていくんです。そうすると、やっぱり神になってしまう。

スピノザは現実を、「**実体**」という概念から説明していくんですね。実体には外や他がない。そして、すべてのものは実体のなかにある。これは要するに現実のことだと考えると、いちばんよくわかるんです。
だから『エチカ』に出てくる「神」と「実体」という言葉を、「**現実**」に一括変換しても、そのまま読めます。

――ほんとうですか!

上野 ほんとうです。ほとんど読めますよ。例を出しましょうか。

神のほかにはいかなる実体も与えられず、また考えられることもできない。
――『エチカ』上野修訳、岩波書店(スピノザ全集Ⅲ)、二三頁、定理一四

何であろうとあるものはすべて神の中にあり、神なしには何ものもありえずまた考えられることもできない。
――同、定理一五

これを言い換えてみましょう。「この現実のほかにはいかなる現実も与えられず、また考えられることもできない」、「何であろうとあるものはすべて現実の中にあり、現実なしには何ものもありえずまた考えられることもできない」。

――ほんとうだ、すんなりと読めてしまいます（笑）。教科書では「神即自然」と書いてありますが、「神即現実」と読み替えたほうがわかりやすいぐらいですね。

読者のために一つ確認しておきたいんですが、デカルトやスピノザ自身は、「現実性」とか「絶対性」という言葉は使ってないんですよね。

上野　はい、私が勝手にそう言っているんですけど、デカルトが見つけたのは「この現実」のことだったのか、と気づくようなことは、哲学史ではよくあることです。「勝手に」といっても恣意的な操作をしているわけじゃなくて、テキストのなかに入り込んで同時代人として思考を経験していくときに、そうとしか思えなくなる。デカルトは認識論なんて

バルフ・デ・スピノザ（1632–77）
作者不詳、1665年頃
アウグスト公爵図書館

トマス・ホッブズ（1588–1679）
ジョン・マイケル・ライト作（複製）
原画1669～1670年
ナショナル・ポートレート・ギャラリー

やってないし、現実性のことしか考えてないとかね。

スピノザの場合、われわれのいるこの現実が実は神そのものだった、ということなんですよ。デカルトは方法的懐疑で絶対現実を発見してしまったんですけど、スピノザはそれを概念として構築してみせたということだと思うんです。

ホッブズにも簡単に触れておきましょう。彼が考えようとした「絶対」は支配権の絶対性です。それが「**主権**」ですね。主権はそれより上位のものがない、最高の命令権のことです。そういう主権が政治的なものの本質にあるとホッブズは考えた。それを厳密に概念として構築しようとして、社会契約説を作っていくわけです。

ラテン語で最高命令権のことをインペリウムといいますが、各人相互の契約で出現するのが、この絶対的なインペリウムを担う主権者です。政体には民主制や貴族制、君主制などいろいろな種類があるけれど、どれであろうと主権は絶対的だというのがホッブズの議論のキモになるところですね。

崖っぷちから引き返すライプニッツ

——四人のなかではライプニッツがいちばん年下で、一八世紀に足を踏み入れています。

上野　ライプニッツには微妙なところがあります。もちろん「絶対」ということはわかっているんですが、絶対ということを言って、ある種のニヒリズムに陥ってしまうことを彼は恐れているんですよね。

ライプニッツは『弁神論』という著作で、「こいつはダメだ」と具体的な人物を挙げて批判していきます。そこに出てくるのがデカルト、スピノザ、ホッブズなんですよ（笑）。なかでもスピノザへの批判がいちばん手厳しい。なぜでしょうか。それは、スピノザは絶対的な必然性を論証しようとするからです。

絶対って、他の可能性がないことだから、「必然」ということなんですよ。先ほど言ったように、スピノザの神は現実そのものです。現実世界を何かの目的で創造したわけではありません。神には原理も目的もなく、すべては神の本性の絶対的な必然性から生じるとスピノザははっきり言っています。そうなると「神って何のためにいるの？」ということになりませんか。

――必然なんだから、神の意志が働く余地なんてない。神とはいいながら、スピノザの神は何

ゴットフリート・ライプニッツ
（1646–1716）
クリストフ・フランケ作、1695年頃
アントン・ウルリッヒ公爵美術館

もしてくれない感じがします。

上野　ライプニッツがいちばん恐れていたのはそこです。すべてが必然なら、絶対的なものと無意味が一緒になってしまう。そんなことを許したら、人間が存在している意味も霧消してしまう、人間が終わってしまうじゃないかと。だからライプニッツは「**可能の哲学**」なんです。創造可能な世界はたくさん無限にあったはずで、世界は別なふうでもありえたというところから絶対的な現実を説明しようという、矛盾するような挑戦をするわけです。

フランスのジョルジュ・フリードマン（一九〇二―七七）という人が、二〇世紀半ばに『ライプニッツとスピノザ』という分厚い研究書を出しています。あまり知られてない本なのですが、これが面白くて。二人についてこう言っています。「ライプニッツは一生懸命、人間のことを考えた。スピノザは、ただ考えた」（第一版序文、上野修訳）。

——名コピーですね（笑）。

上野　ニーチェ流に言えば「人間的な、あまりにも人間的なライプニッツ」なんです。ライプニッツにとってスピノザの必然主義は、底なしの奈落と捉えられていました。そこへ落ちたら終わりだと。自分もその際《きわ》まで行くんだけど、「これは危ない」と、崖っぷちから引き返すんです。そのくだりを引用しておきます。

私はそういうわけで、すべては絶対的に必然的なものであるとする者たちの考え方からあまり遠くなかった。彼らは、自由はたとえ必然のもとにあっても強制でさえなければよいとし、間違いなく起こること、言いかえると確実に知られ真であるようなものを、必然的なものから区別しない。けれども私は、現にあらず、これからあることもなく、またかつてあったこともないような諸々の可能なるものを考察することによって、この崖っぷちから引き返したのである。

——「自由について」フーシェ・ド・カレイユ版、一七八頁、上野修訳

——ライプニッツ自身が「崖っぷちから引き返した」と言っているんですね。

上野　それが、ライプニッツが一八世紀に足をかけているということです。一七世紀の先達たちが覗《のぞ》き込んだ絶対や無限の深淵は、ライプニッツには危険なものに思えたのですね。

神の捉え方の違い

——ここまでのお話でもたびたび「神」が登場しましたが、その捉え方は哲学者によっ

て違いがあります。なぜ「神」の捉え方に大きな違いが出るのでしょうか。

上野　神といっても、さっき説明したように、ふつうの宗教的な神でないことははっきりしています。じゃあ何なのかというと「**絶対者**」なんですね。でも、その絶対者って何なのかというところで違いが出てくる。四人のなかでもっとも特異なのは、スピノザです。**太い線は、スピノザとそれ以外の三人の間に引ける**と思います。

スピノザは「神は現実そのものであり、それ以外には何も存在しない。以上」という哲学ですから、神が世界を創造したとか、すべては神の意志に左右されると考えるキリスト教と、まったく相容《あいい》れません。

残る三人は、中世哲学以来ずっと問われてきた「神―世界―人間」の関係を念頭に置いて、これをどう説明するかというところで分かれていきます。デカルトの考えている神もやっぱり「絶対者」なんですが、スピノザとは違って、「2+3=5」のような真理さえ創造できる神です。

――「永遠真理創造説」と呼ばれるものですね。

上野　そうです。これはほんとうに変な考え方なんですよ。「2+3=5」のような必然的な真理を、当時の哲学者は「**永遠真理**」と呼びならわしていました。2+3が5以外になることは、どんなときにもありえないから「永遠」と形容したんですね。

ここからが驚きです。「2＋3＝5」が必然的な真理であることじたいは、必然なのかどうか。デカルトは何の必然性もないと言います。**ただ神がそれが真であるように欲したから、たまたま必然になっているだけである**、と。

同じことを、三角形の内角の和は二直角に等しい、という真理について述べているくだりがあります。

〔……〕神が三角形の内角の和が二直角に等しくあるように欲したのは、神がそれとは違ったようになりえないと認識したから、ではないのです。そうではなくて逆に〔……〕神が三角形の内角の和が必然的に二直角に等しくあるように欲したから、それゆえに今やそのことが真なのであって、それと違ったようにはなりえないのです。

――『省察』第六答弁、上野修訳

――神は万能だから真理も創造できるとデカルトが考えていたのだろう、くらいに思ってましたが、いまの説明を聞くと、デカルトの神のヤバさがよくわかります（笑）。考えようによっては、「オレが決めたことがルールだ」という独裁者と同じじゃないですか。

上野　そうです。勝手に決めてしまう。デカルトによれば、「2＋3＝5」という真理にも、三角形の内角の和が一八〇度だという真理にも、神がそう欲したということ以外の根拠はない。「なぜかわからないけれど、たまたま神がそう欲したから」というだけなんです。神は全能だから、2＋3は5じゃないように欲することもできた。デカルトはそういうふうに考えるんですね。

ライプニッツの「最善世界選択説」

――だからデカルトは、神の存在証明のなかで、神の「誠実性」も証明しようとするんですね。神が誠実かどうかとか、欺くかどうかということにこだわっている。

上野　神の誠実性というと、神が道徳的かどうかというイメージで捉えてしまいがちですが、全然違うんですね。神が誠実でないと、「私」はまともに思考できない。誠実な神の存在を証明するのは、思考の底、世界の底が抜けないための大前提が必要だからです。

その意味では、デカルトの神もスピノザの神も、〝善悪の彼岸〟にある点で共通しています。人間から推し量れるような思いをはるかに超えている。

この点がライプニッツの神との大きな違いですね。善悪と無関係な神なんて危なすぎる。神はちゃんと善悪を知っていて、何らかの理由で、可能な世界のなかから最善世界を選んで現実化したんだ、それが「**創造**」なんだとライプニッツは説明します。

――有名な「最善世界選択説」ですね。

上野　最善世界選択説って、評判悪いですよね（笑）。せっかくなので、該当部分を引用しておきましょう。

ところで、神の持っている観念のなかには、無数の可能な世界があるが、現実にはただ一つの世界しか存在することができないから、あれではなくこれを選ぼうと神が決心するための十分な理由がなければならない。そしてその理由はこれら世界が含んでいる適合すなわち完全性の程度のうちにしかない。すべて可能的なものはそれぞれが含んでいる完全性の度合いに応じて現実に存在することを要求する権利がある。これこそもっとも善い世界が現に存在している理由である。神はそれを知恵によって知り、善意によって選び、力によって生み出す。

――『モナドロジー』第五三―五五節、上野修訳これを読むと、何なんだと思う人もいるでしょうね。この世界では悲惨なことがいっぱい起きているのに、神はさまざまな可能世界のなかで「もっとも善い世界」を選んだなんてよく言えるなと。

——ふつう、そう思いますよね。

上野　でも、スピノザの必然主義に行かないようにするにはどうしたらいいかと考えると、ライプニッツの見え方も変わってきます。先ほどライプニッツは「絶対」に対して微妙な位置にあると言いました。この現実は神が選んだからにはもう他はない、という意味では絶対的なんです。でも**選ぶ段階では、他の可能性もありえた**。ということは、現実はこんなだけれど、そうである理由がちゃんとある。ただ私たちには、その理由は隠されている。そこにこの世界の深い意味があると、ライプニッツは考えたわけです。

二元論をどう読むべきか

デカルトの機械論的自然観は中途半端？

――ここからは個別の哲学者について、つまずきやすい問題を中心にお尋ねします。まずデカルトですが、デカルトの物心二元論や機械論的自然観はとにかく評判が悪い。いま起きている環境問題まで、デカルトのせいにされるくらいです。その理屈は、デカルトが世界を精神と物体に分けたために、人間は自然を操作可能な対象にしてしまった。それが自然破壊の元凶なんだという具合です。

上野　デカルトの二元論が自然破壊の元凶だというのは、お門違いでしょう。どう考えたってその原因は産業革命にあるし、デカルトの哲学が産業革命を生み出したわけじゃありませんからね。

デカルトの機械論的自然観に問題があるとしたら、むしろそれが中途半端だからだと思うんです。だってスピノザの場合、ある意味で、すべてが機械になってしまうわけですよね。

——この現実は必然だから、ですね。

上野　神＝現実だから、私たちも石ころもみんな神の一部なんですね。スピノザの用語で言えば、私たちはみな神の無限様態の一部ということになります。この様態は他の様態によって決定され、その様態もまた他の様態によって決定され……と無限に続いていって全体は無限様態になっている。だからそのどこを取っても他の様態によって決定されている。その意味で、スピノザの哲学は**ウルトラ機械論**なんですよ。

スピノザとくらべると、**デカルトの機械論は中途半端**なんです。彼の言う精神は機械じゃありませんから。

——なるほど。言われてみれば、スピノザこそ完全な機械論的自然観ですね。

上野　完全な、というか、もう機械論の極北であって、スピノザはそこに私たちの救済の鍵すら見ている。ただ、デカルトの機械論的自然観もかなりスピノザと近いところがあるんです。デカルトの科学論文をいろいろ読むと面白いんですよ。本気でメカニズムで考えていることがよくわかります。

たとえば、胎児がお腹のなかで形成されるじゃないですか。デカルトはそれを、自然法則のなかで自己展開していくメカニズムとして理解しようとしています。だから牛の解剖を真剣にやったりするんですね（笑）。

　そうすると、デカルトにとって自然は、権利上は操作できる対象ではあるけれど、実在するメカニズムじたいは、人間とは関係なしに動いている。これが、デカルトの基本的な宇宙観なんですよ。「神さえ、そこに牽引《けんいん》を与えてない」なんてことまで言ってます。

　要するに、神が目的論的に引っ張って、世界はこうなるように作ったとは考えないんですね。デカルトの無限宇宙論は、粒子のような微細な物質がまずできて、それらが勝手にぶつかったり削り合ったりしながらだんだん渦を巻いて運動することで、たくさんの渦巻き状の宇宙ができあがるというものです。これを「**渦動説**」といいます。

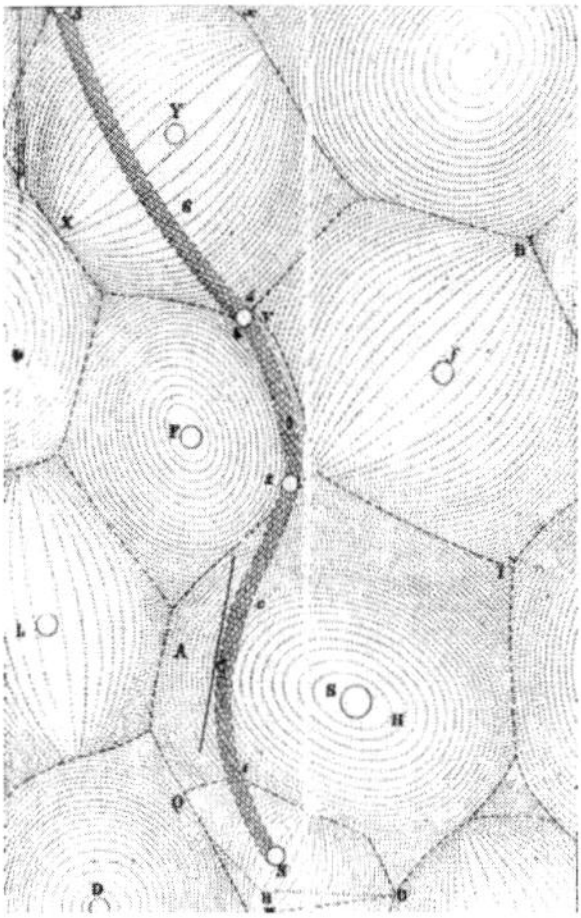

「渦」と天体の配置図
『哲学原理』第3版（1647年）より

　渦動説の図版（**上の図**）を見ると怖いですよ。無限宇宙があってそこらじゅうで渦を巻いている。そのなかに太陽のようなもの（図中の○印）があちこちにあるんです。

　ここには人間がいないじゃないです

か。だから、デカルトが考えていた機械論もけっこう怖いものなんですよ。人間がいなくたって自然のメカニズムが勝手に全部生み出す。スピノザはそれを神と呼んだわけです。

心身問題をどう考えるか

――デカルトは心身二元論で精神と身体を二つに分けたと言われます。でも、『情念論』で彼は、むしろ心と身体の結びつきを説明するんですよね。この点はどう考えればいいですか。

上野　精神と身体を別物とする心身二元論からすれば、この身体に「私」という精神が結びついているのはまったくの偶然で、そうでないこともありうることになります。でも、いったん両者が結びついているという現実が与えられてしまったら、どう頑張ったってこの身体と違うところに「私」が結びつくことはできません。

これは永遠真理創造説と同じタイプの問題なんです。1＋2はたまたま3であって、そうでないこともありえた。そういう意味で偶然なんですね。だけど神は、この世界の構造とわれわれの精神の両方に、1＋2は3であることを真理として作り込んでしまった。だからもう現実のなかでは、その真理を動かせないわけですね。

精神と身体についても、おそらくデカルトは同じようなことを考えていたと思います。いったん結びついてしまったらその後どうこうできるわけがない（笑）。生まれたときからそうだし、死ぬときもそうだろう。これはそういう意味では必然なんだと。

じゃあもうそれしかありえなかったのかというと、そんなことはない。神は精神という実体を作り、母の身体のなかで、ある物質部分に結びつけた。もちろんそれは偶然的であって、違うものと結びつけることもできただろう、と。

――いわゆる「心身問題」についてもここで整理させてください。現実にはどういうわけか私の精神とこの身体が結びついている。でも、精神と身体――現代的には心と脳――がどのように結びついているかという心身問題は、いまだに決着がついていません。

上野　デカルトの場合、どう結びついているかは語れないという前提で、無茶な説明をしていくんです。具体的には、松果腺《しょうかせん》という脳の部位に精神は結びついていて、動物精気という、身体を動き回っている粒子を介して、身体に働きかけたり、身体から働きを受けたりするんだと。そして受動的な情念の原因を身体に、能動的である自由意志を精神に振り分けるわけです。

もちろん非物体的な精神が物体的な身体部位とどうやって結びついているのかは不明で

す。でも説明じたいは完全にメカニズムというか、「機械論」になっている点が面白いんですよ。

実際、デカルトは『情念論』のなかで、**人間の身体は「自動機械」だ**と言ってます。激情に駆られるようなとき、われわれは受動的で機械同然だということです。

――受動的な状態は、身体が精神を支配しているからですね。

上野 そうです。実はスピノザは、そのへんをすごく買ってます（笑）。スピノザに言わせると、デカルトは感情をちゃんと説明しようとしたんだと。

――さすが〝ウルトラ機械論者〟のスピノザ！　面白いですね。

上野 デカルト以前のスコラ哲学だと、「魂と肉体」という枠組みですから、機械のように勝手に動き出すもののイメージは出てこないんですよ。

自動機械のことをオートマトンといいますが、そのルーツはアリストテレスの『自然学』の**アウトマトン**という言葉です。これは自然のなかの例外的な生成のことなんです。

アリストテレスの考えでは、自然の事物は固有の何かになるように活動している。つまり自然は、目的因で動いているわけです、でも、なかには目的因と関係なく勝手に生じて動いているものがあって、それを彼はアウトマトンと呼んでいます。それはアリストテレスではものすごく異例な何かなんですよ。でもデカルトの場合、物体や身体は例外なくみなアウトマトンなんですね。圧倒的な自動機械の世界のなかで、われわれの精神だけがアウトマトンでないわずかな例外なのです。

――デカルトはそれまでの常識を見事に大逆転させたんですね。

上野　スピノザはさらに激化させて、精神だって自動機械なのだ、というところまで行ってしまいます。

機械論的な発想

スピノザの政治哲学

――スピノザには『政治論』という政治哲学の著作（未完）もあります。スピノザの必然主義的な哲学と政治哲学はどのように結びついているんでしょうか。

上野　ホッブズとスピノザを比較しながら話しましょう。

まず主権の絶対性に関して、二人は共通認識を持っていますね。主権は絶対的であって分割できない。主権よりも上位の決定者はない。スピノザは、こういう主権の絶対性をホッブズから学びました。

では、二人を大きく分かつのは何か。ホッブズの場合、主権者は「**人工人格**（artificial person）」だと言います。人工人格と対置されるのは「**自然人格**」です。ホッブズによれば私たち人間はみんな自然人格を持っていますが、人々を代表する国家もまた一つの人格を持っている。いまなら法人の会社もそうです。彼の社会契約説では、そういう人工的な人格が各人相互の契約によって打ち立てられ、法による命令権を担うという議論をするわけです。

だからホッブズにとって、人格という言葉は外せないんです。主権はどこにあるかというと、人格にあるんですよ。自然人格とは違って制度上のフィクションにすぎないんですが、国家の主権はそういう人格に帰属するとしか考えられない。そういう人格のないところで、いくら人間たちが協力し合ったりつるんだりしたって、そんなのは国家とは呼べないというのがホッブズの考えです。

それに対してスピノザはどうかというと、どこを見ても人格という言葉が出てきません。スピノザに言わせると、主権的な権力を成立させているのは「**群集の力能**《りきのう》」だというんです。彼の言う群集は単なる人々の集団のことで、別に政治的に目覚めた人民のようなニュアンスはありません。

そんな有象無象《うぞうむぞう》の群集が、いったいどうやって主権的な権力を成立させているのか。わかりやすく言うと、人間は協力し合うと、全体としてすごい力を持つようになり、そういう集団のなかにあなたがいたら、あなたは集団に従わざるをえなくなるだろうと。

そりゃそうですよね。一人と集団だったら、一人のほうが圧倒的に凌駕《りょうが》される。だから集団に従うしかないと思う。そして集団の一人ひとりが同じように思うから、結果としてみんなが従うことになるわけです。それにはみんなが従うだろうとみんなが思うような声、法の声がありさえすればよい。

私はこれを「非対称性の相互性」と名付けています。圧倒的な力の下で生かされるという非対称の関係をみんなが等しく持ってしまう。それがスピノザの言う「群集の力能」なんですね。

——面白いですね。スピノザの考え方なら、社会契約がなくても、共同的な力が生み出せるじゃないですか。

上野　そう。だから群集の力能は、人工的に作るようなものじゃないんです。人々が集まって集団ができれば、人間の本性から生まれるんです。

――でも、そもそもどうして人々が集団化しないといけないんですか。

上野　もちろん、人間は単独では生き難く、身を守れないという物理的な条件があります。けれどもスピノザによれば、**集団が維持されるのは循環的なメカニズムによる**んです。まずみんなが、自分以外の者たちは法に従うだろうと想像して、その力に対する恐れや期待から自分も従おうと考える。するとその力が現実のものになって、一人ひとりの恐れや期待を裏付けていく。要はみんなが、自分以外のみんなの力を期待したり恐れたりしているから、そのことによってみんなの力が実現するという、「自己実現的予言」みたいな構造があるわけです。

だから、法そのものに実体的な力があるわけじゃないですよね。法はフィクションではあるけれど、最高権力の命令として機能するようになっている。それが、群集の力能が国家の権力を実質的に定義し決定するということの内実なんですね。

こうした群集の力能は、やっぱり必然の哲学から出てくるんですよ。だって人為的に権力を構成しているわけじゃないですよね。**群集という事物から必然的に権力が生まれてくる**ということになっています。

「自然の権利」は消滅しない

――ホッブズの主権者は、みんなが権利を譲渡しているから、基本的にはどんなことでも命令できるし、誰も権利上抵抗できませんよね。スピノザの場合はどうなんでしょうか。

上野　先ほど、ホッブズもスピノザも主権の絶対性は認めていると言いましたよね。だから**個人が持っていたはずの「自然権」は、国家の制度にもとづいて必然的に消滅します**。自然権は、英語でいうとnatural rightで、各自が自分の好きなように行動できる権利のことです。

でも、スピノザのほうは、ここがややこしいんですが、**各人の「自然の権利」は、国家が成立しても消滅しない**というんです。自然の権利は、英語ではright of natureで、人間の自然な本性が持っている法則としての権利のことです。具体的には、各人が恐れたり希望を持ったりして、なんとかして生き延びていこうとする「**コナトゥス**」のことなんですよ。コナトゥスはスピノザのキーワードで、人間も含めた事物が、それ自身としてあり続けようとすることです。日本語では「努力」と訳されます。

——努力といっても、意志的なものじゃないですよね。事物の本性としてそうなっている。

上野　そうそう。譲り渡したり消滅したりすることはありえないんです。だとすると、主権である国家権力も、ホッブズの場合と違ってまったく自由だというわけではないんですね。国家が非道なことをすれば、人々のコナトゥスは共謀して国家に敵対するほうに向かいます。それは革命とか内乱にまで発展することもある。スピノザはそれを群集の力能の「戦争権」と呼び、これが国家に現実的に縛りをかけているのだと捉えています。法にみんなが従わないんじゃないかとみんなが思い始めたら、群集の力能は反抗や抵抗に向かうわけです。

では、国家が暴政に陥らずに回っていくにはどういう制度が必要か。別の言葉で言えば、「みんなが法に従う」と群集の各人が思えるような状態を維持する制度とはどのようなものか。スピノザの『政治論』は、君主制、貴族制、民主制という三種類の制度を設計しながら、どの政体でも大人数からなる合議体のような仕組みをビルトインします。

これは結局、デモクラシーとよく似ているんです。どの制度を見ても細部では民主的になっています。政務に携わる者たちは好き勝手できないし、まともなことを言わないと認められない。市民たちが強制でなく自分の意向でそうしていると思える、そういう仕組みを整備していくと、**実質的にデモクラシーに近づいていく**んですね。

メカニックな国家論

――スピノザの政治論も非常に機械論的に構想されているのが印象的です。

上野 スピノザは『政治論』の冒頭で、哲学者たちは、人間をあるがままのものとして考えず、こうあるべきものとしてしか考えていない、と言うんです。それに続くくだりを引用しましょう。

その結果、哲学者たちはたいてい倫理学（ethica）と称して風刺ばかり書き、実用に耐えうる政治学（politica）を一度も考えてこなかった。たとえ彼らが政治学を書いたとしても、空想の産物とみなされるのが落ちであろう。あるいは、そもそも政治学がもっとも不要なはずのユートピアとか詩にうたわれる黄金時代とか、そういうところでしか実現できないような代物だろう。

――『政治論』第一章第一節、上野修訳

スピノザらしいですよね。彼からすると、哲学者たちはユートピア主義者で、現実の必然に耐えうるような政治学を全然構想できていないわけです。正しい社会になっていないのは、人間たちが正しくないからだ。そんなことを言って何かを批判したつもりになるのは、現実に対してあまりに無力じゃないかと。

だから**国家の問題も徹頭徹尾、メカニックに考えていく**んですね。その点でデカルトはやっぱり中途半端なんです。メカニックな世界のなかで、人間だけがなぜか違うものとして点在しているという見方だから。そんな自由な主体が集まって何をするのかということを、彼は全然語れないんですよ。デカルトに国家論はないし、語れない。

ホッブズもスピノザも、そのへんは唯物論だから、全部メカニズムで考える。そういうラディカルなところがデカルトには欠けていますよね。

――ホッブズの唯物論的な哲学は、どういうふうに社会契約説と結びつくんですか。

上野　ホッブズの哲学は**シミュレーション**なんですよ。すべては物体だから、仕組みがわかればシミュレーションでそっくりのものを作れる。すると、シミュレーションが現実にすり替わっていくんですね。

ホッブズからすると、国家も物体だからその発生をシミュレーションできる。それが社会契約説です。そしてシミュレーションできるなら、事実がどうであれ契約が必然的にあったことにしてしまう（笑）。

――ものすごく強引な理屈にも聞こえるんですが。

上野　実際、暴力的な論理ですよ。私たちはほんとうなら各人の各人に対する戦争でとっくに死んでいるはずだ。そうなっていないのは主権者への服従を互いに約束し、それと引き換えの生存を受け取っているからだ。それゆえ、生きているなら約束していることになる。死にたくないならもう約束は取り消せない。だから最初の契約は取り消し不可能だ、ということになるわけです。

モナドとは何か

形而上学的な点

――ライプニッツでは、とにかくモナド論がよくわかりません。先ほど説明いただいた最善世界の選択とモナド論はどういうふうに関係しているんですか。

上野　モナドは難しいですねえ。ライプニッツの言い方をすると、「**形而上学的な点**」だというんです。点だから大きさを持ってない。そういう意味では無に等しいはずなんだけど、無限に多くの形而上学的な点が、事物の要素になっているんだと。

そう言われても困りますよね（笑）。ライプニッツだってうまく説明できてないと思うんですよ。イメージとしてはいろいろ出していて、モナドは世界を映し出す鏡だとか、同じ一つの街をいろんなところから見る**パースペクティブの視点**がモナドだとか言っています。

――わかるような、わからないような……。

上野　パースペクティブって絵の描き方ですよね。絵の「奥」のほうに消失点があって、反対に、ずーっとこっちにくると視点があるわけですよね。でも、視点って何？　どこから見てるの？　って聞かれると難しいでしょう。眼が見ているのか、脳が見ているのかっていう話になるわけで（笑）。見ているのは私だけれど、じゃあ私って眼なの？　脳なの？　脳のなかのどこ？　ということになる。要するにデカルト的な困難があるわけですよね。

――ああ、なるほど。

上野　だからせいぜい、形而上学的な点としか言いようがない。ただ、イメージとしては視点なんです。そういう無数の視点があって、それぞれの視点はそこから見える世界の全歴史・全情報をあらかじめ含んでいるとライプニッツは言います。だから神がモナドを覗き込むと、その点から射影される世界の一切合切が、時間の進行にそって読み取れる。私たちもそのモナドの一つなんです。

そういう無限個のモナドが一斉に投影できる装置があるとしましょう。プログラムを走らせると、スクリーンには無数のパースペクティブからの投影が重なり合って、同じ一つの世界がリアルタイムの３Ｄで映し出される。それが私たちのこの世界なんです。そして無数にあるモナドの一つひとつは、自分が映し出している世界の一切の出来事を知覚するんですね。

――じゃあ、物質とか物体は単なる映像にすぎないんですか。

上野　あたらずといえども遠からずですね。モナドたちは、同じ一つの宇宙の歴史を映し出すように調整されているから、物質や物体はその「現象」として生み出されています。ライプニッツはそれを虹のようなものだと喩《たと》えています。

真理は隠されている

――モナドを物質的にイメージしたら、訳がわからなくなっちゃいますね。形而上学的な点だから、どこにあるとも言えない。

上野　事物としてどこにあるとは言えないけれど、現象の真っ只中のどこかに位置しているかのように世界が見えるようになっている。というのも、ライプニッツによると、モナドのプログラムには現象世界のなかの自分の位置情報が逐一書き込まれているからです。そういう無数のモナドが、同じ世界をそこから映し出すように仕組まれている。もちろん仕組んでいるのは神です。神は同じ宇宙をきれいに多重投影できるように調整しているんですね。そうやって神があらかじめ無数のモナドを調整していることを、ライプニッツは「**予定調和**」と呼んでいます。予定調和だから、前もって決まっているんですね。

その基本にあるのは「**共可能性**」という概念です。簡単に言うと、一つの世界のなかでは全部辻褄《つじつま》が合っていないといけませんよね。たとえばイエスにはユダに裏切られるという情報が入っているのに、ユダには、イエスを裏切らないという情報が入っていたら、世界が成立しないですよね。だから完璧に辻褄が合うように、それぞれの個体情報が作られてないといけないわけです。

――あえて順番をつけて言えば、ライプニッツの神は無数の可能世界から最善の世界を選ぶわけですよね。いわば最善の台本を選ぶ。それから、その台本が現実になるような情報が書き込まれた、無数のモナドを創造したと考えればいいですか。

上野　そういうことです。いまの話をライプニッツが表現すると、次のようになります。

私はまた、この調和こそが未来と過去とのつながりを作り、現前しているものと現前していないものとのつながりを作っている当のものであることをも示した。前者のつながりは時間的な結びつきをもたらし、後者は場所的な結びつきをもたらすのである。

——『弁神論』第三三節、上野修訳

台本に書かれているストーリーは、「いま、ここ」のモナドによる知覚のつながりとしてリアルタイムに展開されていきます。だから未来と過去、現前しているものと現前していないものが切れ目なくつながっているわけです。

モナド論を見ると、評判の悪い「最善世界」や「予定調和」の見え方も少し変わってきませんか。スピノザの世界に奥行きは皆無です。スピノザの神は視点を持ちませんし、すべてがフラットで、隠されているものは何もないからです。でもライプニッツの場合、モナドが映すストーリーは一挙には現前しません。カエサルはそのときが来るまで自分がほんとうにルビコン川を渡るか知らないし、ユダはそのときが来るまでほんとうにイエスを密告するかどうか知りません。世界も知らない。**世界の真理は世界にとって隠されているんです。**

第1章ブックガイド　上野 修

上野修『哲学者たちのワンダーランド——様相の十七世紀』（講談社、二〇一三）

本書インタビューの下敷きになっているもの。デカルト、ホッブズ、スピノザ、ライプニッツの四人の哲学を、可能・不可能・必然といった様相の観点から相互に関連づけながら紹介。一般読者向けのPR誌『本』（講談社）の連載がもとになっている。一七世紀の哲学を俯瞰《ふかん》する助けとなる。（現在はKindle版のみ）

小林道夫責任編集『哲学の歴史5（一七世紀）　デカルト革命——神・人間・自然』（中央公論新社、二〇〇七）

デカルト、ホッブズ、パスカル、スピノザ、マルブランシュ、ライプニッツなどの近世哲学をそれぞれの専門研究者が解説している。個々の哲学者について学術的に知りたいときに役立つ。年表や文献表が付いているので便利。

野田又夫『デカルト』（岩波新書、一九六六）

著者はデカルト研究の泰斗。岩波新書のロングセラーで古典とも言うべき一冊。ＮＨＫの連続放送講演がもとになっており、『方法序説』を軸にデカルト哲学の全体像を滋味豊かに解説してくれる。一七世紀の哲学が近代科学革命を背景にしていることがよくわかる名著。

第 2 章

イギリス哲学者たちの挑戦

——経験論とは何か

戸田剛文

戸田剛文

とだ・たけふみ

1973年、奈良県生まれ。

京都大学大学院人間・環境学研究科教授。

京都大学総合人間学部卒業、同大学院

人間・環境学研究科博士課程修了（博士号取得）。

専門は知覚理論、認識論、ジョージ・バークリ。

主要著書

『バークリ――観念論・科学・常識』（法政大学出版局、2007）

『世界について』（岩波ジュニア新書、2011）

共編著など

『知を愛する者と疑う心――懐疑論八章』
（佐藤義之・安部浩共編、晃洋書房、2008）

『哲学するのになぜ哲学史を学ぶのか』
（松本啓二朗共編、京都大学学術出版会、2012）

『哲学をはじめよう』（松枝啓至・渡邉浩一共編、ナカニシヤ出版、2014）

『今からはじめる哲学入門』（京都大学学術出版会、2019）

翻訳書

バークリ『ハイラスとフィロナスの三つの対話』（岩波文庫、2008）

ローティ『文化政治としての哲学』（冨田恭彦共訳、岩波書店、2011）

リード『人間の知的能力に関する試論（上下）』（岩波文庫、2022、2023）

イントロダクション

イギリス経験論トリオ＋1

斎藤哲也

一般に、「経験論」や「経験主義」は、**私たちの知識は経験によって形成される**という哲学的な立場を指す。そんなこと当たり前だろうと思われるかもしれないが、たとえば前章で見たデカルトは、そうは考えず、確実な知識の基盤を、万人が共通して持っている生得観念に求めた。たとえば「神」「思惟《しい》（我思う）」「延長（広がり）」といった観念は、どんな人間にも生まれつき理性に備わっていると考えたのだ。

イギリスの哲学者ロックは、こうしたデカルトの生得説を真っ向から批判した。そしてロック、バークリ、ヒュームというイギリスで活躍した三人は、いずれも経験重視の哲学を展開したことから、のちに「**イギリス経験論**」と括《くく》られることになった。

本章でも、ひとまずは便宜的に「イギリス経験論」という言葉を使うが、前章同様に、このカテゴライズが妥当かどうかを問うことからインタビューは始まっている。

先駆者としてのベーコンとホッブズまで含めれば、イギリス経験論は一六世紀末から一八世紀を舞台としている。それはまた、イギリスが宗教改革やイギリス革命を経て、ヨーロッパ諸国に先駆けて近代化を遂げていく時代でもあった。

以下、インタビューを読むための準備運動として、イギリス経験論のトリオであるロック、バークリ、ヒュームの思想のあらましを解説し、最後にこの三者を批判的に論じたトマス・リードという哲学者を紹介する。

ロック――知識の基盤は経験にあり

最初にジョン・ロック（一六三二―一七〇四）の哲学から見ていこう。ロックは経験論のみならず、政治思想や経済思想の分野でも後世に大きな影響を与えた哲学者だが、ここでは認識論や知識論に軸足を置いて説明する。

ロックが『人間知性論』（一六九〇）のなかで目指したのは、人間の知性の能力を吟味して、知性は何をどの程度まで認識することができるのかを明らかにすることだった。人間はどのように知識を獲得するのか。その考察の皮切りとして、先述したように、ロックはデカルトの「生得説」を批判し、知識の基盤を経験に求める。

どこから心は理知的推理と知識のすべての材料をわがものにするか。これに対して、私は一語で経験からと答える。この経験に私たちのいっさいの知識は根底を持ち、この経験からいっさいの知識は究極的に由来する。

――『人間知性論』大槻春彦訳、『世界の名著32 ロック ヒューム』中公バックス、八一頁

ロックによれば、人間の心は「白紙」のようなものだ。人間は、白紙に文字を書き込むように、経験を通じて、さまざまな事物の観念を手に入れる。そして無数の単純な観念を組み合わせて、より複雑な観念の知識も獲得できる。

だが、私たちの外側にある事物は、いかにして私たちの観念になるのか。ここで重要になるのが、インタビューで戸田さんが説明している「**粒子仮説**」と呼ばれるものだ。手元にあるいくつかの教科書を見ても、粒子仮説には触れられていない。ロックが自身の認識論の枠組みとして採用した粒子仮説とは、いかなる仮説なのか。ぜひインタビューで確認してもらいたい。

バークリ――「存在するとは知覚されることである」

ロックの認識論では、人間の外側に物体（物質）が実在することが前提とされている。この点を批判したのが、ロックよりも半世紀ほど後に生まれた**ジョージ・バークリ**（一六八五―一七五三）だ。バークリはアイルランド出身の聖職者で、アイルランド国教会の主教を務めている。

バークリは、心の外側に、物体が実在しているという考えを否定する。なぜなら、私たちが知覚できるのは、心のなかの観念でしかないからだ。私たちは、目の前のペットボトルやスマートフォンを見て、実際に触ることもできる。しかしバークリによれば、視聴覚や触覚、味覚といった知覚は、心の外側にある物体や物質それじたいを知覚しているのではない。あくまで知覚の対象は心のなかの観念である。

そこからバークリは「**存在するとは知覚されることである**」という驚くべきテーゼを提出する。これを文字通り受け取れば、私たちが知覚してないモノは存在しないということになる。いま座っているイスも、私が部屋から出てしまえば存在しない。誰も知覚しない木も、観念にならないので、存在しないことになる。

こうしたツッコミを、バークリは神の知覚によって切り抜ける。すなわち、たとえ誰も見ていない木でも、神の心にはあらゆる観念が宿っている。つまり神は常にその木を知覚しているので、人が見ていない木でも、神の観念として存在するというのだ。

物質を否定するバークリの議論は、私たちがすんなりと受け入れられるものではない。いったいなぜ、バークリはそこまで物質の否定にこだわったのか。バークリ哲学に通暁《つうぎょう》している戸田さんにぜひとも聞いてみたかった問いだ。

ヒューム——心は「知覚の束」にすぎない

ロック、バークリの経験論を受け継いだのが、スコットランドの哲学者**デイヴィッド・ヒューム**（一七一一—七六）である。では、ヒュームはバークリの議論をどのように推し進めたのだろうか。

バークリの議論では、真に存在するのは、人の心と観念と神である。観念は心に生じるのだから、心は実在している。そしてあらゆる観念を神は知覚しているのだから、神も実在する。

それに対してヒュームは、**心もまた**「**知覚の束**《たば》」**にすぎない**と言う。「人間とは、思いもつかぬ速さで次々と継起し、たえず変化し、動き続けるさまざまな知覚の束あるいは集合にほかならぬ」(『人性論』土岐邦夫訳、『世界の名著32 ロック ヒューム』中公バックス、四七一頁)という言葉が示すように、「自己」や「心」は、知覚という経験の集合でしかない。これはバークリよりさらにラディカルな考え方だろう。

バークリの場合、誰も知覚していない木も、神は常に知覚しているから、その木は神の観念として継続して存在するという説明だった。同じ問いにヒュームならどう答えるか。ヒュームの鍵概念は「**習慣**」だ。たとえば、いま見えている木は、一秒後に消えたりはしない。五秒後も一〇秒後も、ずっと見えている。「ずっと見えている」ことが原因となって、人は木の存在を信じる、というのがヒュームの考え方だ。

この議論はバークリの弱点をうまくかわしている。バークリの説明では、神を持ち出さない限り、誰も見ていない机やコップは存在しないことになってしまう。ヒュームであれば、人間は、習慣的にコップの存在を信じるようになるので、知覚されないからといってコップの存在が疑われることはない。

こうした、習慣によって知識の形成を説明するヒューム哲学の真骨頂は、「**原因と結果の結びつき**」(**因果論**)を論じるところによく現れている。

たとえば、皿を床に落として割れてしまった場合、人間は「皿を落とした」ことが原因となって、「皿が割れた」という結果を引き起こしたと理解する。ここに原因と結果の関係があることは明らかだ。

しかしヒュームによれば、その因果関係は明らかではない。経験しているのは、「皿を落とした」「皿が割れた」という二つの出来事だけ。その間にある「原因と結果の結びつき」じたいは経験されていないのだから、因果関係が明らかだとは言えない。

この発想は斬新だ。当時は、自然科学が急激に進化していた時代である。自然科学は、普遍的な自然法則を追求する。普遍的な自然法則とは、言ってみれば「原因と結果の関係が常に成立すること」に等しい。

ところがヒュームにとっては、普遍的・必然的な自然法則なんてありえない。原因と結果の結びつきは、決して必然と言えないからだ。

ではなぜ、人間は原因と結果という関係で、物事を理解するのか。バークリは、自然法則もまた神に帰した。すなわち、神が事物の観念に規則性を与えるため、私たちは、観念の間に自然法則を見いだすことができるというのがバークリの説明だ。

先に見た誰からも知覚されない木の説明と同様、ヒュームにとって神は必要ない。ヒュームによれば、因果関係も習慣の問題に帰着する。皿を落として割った経験が何度か重なると、「皿を落としたから割れた」というふうに、原因と結果で理解するようになるというのだ。したがって、**あらゆる因果関係も、真理とは言えず、「確からしさ」だけがある**。

こうしたヒュームの議論は、第3章で見るようにカントを「独断のまどろみ」から目覚めさせることになるだろう。

トマス・リード——常識哲学

本章では、通常、イギリス経験論には含まれない**トマス・リード**（一七一〇—九六）というスコットランドの哲学者にも光をあてている。

リードは、哲学史的には「**スコットランド常識学派**」の中心的な人物として位置づけられている。彼は、ロック→バークリ→ヒュームという連なりは**懐疑論へ至る道**だと考えた。ここで言う懐疑論とは、心の外側に事物が実在することを疑う議論のことだ。ヒュームに至っては、客観的な自然法則も確からしさの問題になるのだから、懐疑はより深まっているように見える。

詳細はインタビューに譲るが、リードにとって、心の外側に事物や他者が存在することは、私たちが知識の問題を考える大前提であり、哲学的な論証は必要とされない。「それらは常識的な信念としてわれわれが心の働きや知識の問題を考える上での枠組みをなすのである」（戸田剛文「バークリとリード――常識を巡って」、『観念説と観念論』ナカニシヤ出版所収、五九頁）。

インタビューでは、スコットランド常識哲学の形成には、バークリの哲学が一役買っていることが語られる。リードも当初は、バークリ主義者だった。いったいバークリの何が、スコットランド常識学派の面々に影響を与えたのか。その意外な関わりを知ることができるのが、哲学史を学ぶ醍醐味だろう。

インタビューの読みどころ

イギリス経験論に対する戸田さんの見方は独特だ。つぶさに見れば、ロックだって生得説的な側面がないわけじゃない。同様に、大陸合理論に括られるデカルトに経験論の側面がないわけじゃない。そうやって教科書的な二分法とは異なる視点から、イギリス経験論の特徴を解説する。これを読むと、**哲学史とは定まった教説ではなく、読み手がテキストから見いだしていくものであること**が実感できるに違いない。

教科書のなかではヒュームの前座として扱われがちなバークリの哲学がたっぷり語られている点も、このインタビューの読みどころだ。バークリは自然科学や数学をどのように捉えていたのか。その質疑から、ロック、バークリ、ヒュームが抽象観念をどのように考えたのかという点にまで話は及んだ。また、バークリが自らの哲学を常識重視と自認していたことも驚きである。「存在するとは知覚されることである」がなぜ常識重視と言えるのか。その興味深い理路もインタビューでじっくり読み取ってほしい。

トマス・リードは、教科書であれば、二、三行の紹介で通過してしまう哲学者だが、少しでも立ち入ってみると、その議論はとても面白い。同じ常識重視でも、バークリとは常識の中身は全然違う。哲学の第一原理を立てるにしても、デカルトの第一原理とは似ても似つかぬゆるい第一原理だ。

インタビューの最後では、戸田さん自身の研究ヒストリーも語っていただいた。それは同時に、生きた哲学史の見方を教わるものだった。

イギリス哲学者たちの挑戦

戸田剛文
インタビュー：斎藤哲也

「イギリス経験論」という括りは有効か

――哲学の教科書では、デカルト、スピノザ、ライプニッツを代表とする大陸合理論と対置されるかたちで、ロック、バークリ、ヒュームらの哲学はイギリス経験論と括られます。この「イギリス経験論」という枠組みは、現在でも有効なのでしょうか。

戸田　たしかに教科書では、一七世紀～一八世紀の哲学には大陸合理論とイギリス経験論があり、カントが両者を総合したと説明されます。ただ、これは新カント派がつくった歴史観で、カントを持ち上げるための図式なんだ、と言われることもあるようです。

もちろんイギリス経験論として括られる哲学には、経験を重視している側面があります。そして彼らが活躍したのが、近代の自然科学が発展するプロセスのなかで、観察や実験による実証性が重要になっていった時代であることに注目すれば、「経験論」という捉え方は有効かもしれません。しかし、たとえばデカルトが（解剖などを含む）実験をしてないかというと、そんなことはまったくないわけです。

あるいは、デカルトとロックは生得観念を認めるかどうかという点が異なるとよく説明されます。ロックは、すべての観念は経験から生まれると言っている。このときの「経験」とは、感覚器官を通じてさまざまな観念が得られることを意味しています。一方のデカルトは、神の観念や数学的な観念は、人間に生得的に埋め込まれていると考える。ちなみに、ロックはすべての知識が経験から生まれると言っていると捉えられることもありますが、これは誤解で、知識の要素となる観念が経験から生まれると彼は言っているのです。

この生得観念について、ロックは『人間知性論』の一巻でデカルトを批判しているわけですが、よくよく考えると、どちらの議論もすっぱり割り切れないところがあるんですよ。たとえば神の観念や数学的な観念なんて小さな子どもは理解できないのだから、生得観念なんてありえないとロックはデカルトを批判する。でもおそらくデカルトは、子どもが理解できることを、生得観念の要件にはしていない気がするんですね。人間の思考や行動には、生得観念を想定せざるをえないようにも見えるところがある。それが観念かどうかはともかく、そこまでだったら、ロックも同意すると思うんです。

とはいえ、誰もいない部屋に生まれたときから人間を放り込んで、そういう観念が出てくるかというと、やっぱり出てきませんよね。だから生得観念の有無というのは、遺伝か環境かみたいな話で、経験という言葉をどういう意味で使うかによって変わってきます。そして実際は、**デカルトの哲学にもロックの哲学にも、生得説的な側面と経験論的な側面の両方があるん**です。

ジョン・ロックの認識論

――ロックの生得説的な面はどういう点にあるんでしょうか。

戸田　ロックの語る経験は、感覚と反省から生まれます。モノを知覚するとき、最初に五感を通じて心に単純観念が植えつけられる。そして、心がそれらの単純観念を組み立てて複雑観念をつくる。そうやって色や触感などの感覚的な要素に対応する単純観念が組み合わされて、事物が知覚されるというのがロックの認識論です。

とすると、単純観念をつくったりそれらを組み合わせたりする心の働きは、はじめから備え付けられているわけですね。それ以外にも、そうして生み出された観念をどのように組み合わせたり、展開していくかという人間の能力も心のなかに組み込まれている。心というのは、何もないただの紙ではなくて、データさえ入力されれば、そこからさまざまなものを生み出すプログラムがあらかじめ組み込まれているアプリケーションのようなものです。そういうふうに考えると、デカルトとロック、あるいはのちのカントで、考え方に劇的な違いがあるかというと、案外ないんじゃないかと思うんです。

こういったことをふまえれば、「イギリス経験論」のような分類の仕方は、便利ではあるし、僕も使いますけれど、個々の哲学者の議論に入っていくと、そう単純に分けられるものではないんですね。

ベーコンとホッブズの位置づけは?

――教科書によってはフランシス・ベーコンやホッブズをイギリス経験論に含めるものもあります。戸田さんは二人をどのように位置づけていますか。

戸田　ベーコンとホッブズが経験論者であるかどうかというのは、判断が難しいところです。二人もやはり「理性」と「経験」の両面があるんですよ。

まずベーコンは、のちのイギリスの経験論者たちと同様に、実験や観察を重視しました。さらに彼の哲学は、王立協会のような組織によって自然科学の基盤がつくられる過程で、大きな影響を及ぼしています。そういう点から見れば、ベーコンには間違いなく経験論者の側面があります。そして、続く多くの哲学者もそういう先駆者として彼に言及しています。

ただ、ベーコンの代名詞のようになっている帰納法って、単に事例をたくさん集めて共通点を抜き出すのではなく、さまざまな仮説を設定し、不適切な事例を選《よ》り分けながら一般命題に近づいていくという、非常に入念な建てつけになっているんです。そこまで見ると、理性の働きだって重要になるわけだから、合理論か経験論かとすっぱり分けられないところもあるんですね。そもそも仮説なんて、経験だけでは出てきません。経験を説明するために、もう一つ高次な考えを自分で生み出す作業が必要です。そこには想像力や理性の力が必要になりますから。

ホッブズもまた、合理論か経験論かと、すっきり分けられるような哲学ではないんですね。ホッブズにとっての知識は、単に表象を受け取ることではなく、理性を働かせて経験から得た表象を計算することで得られるものです。だから理性を非常に重視している。しかし一方で、あらゆる表象や観念は、経験的な感覚を通じて与えられると考えるから、その点では経験論に近づくんですね。

知識観はいかに変化したか

①ロックとバークリの場合

――便宜上の区分であることは弁《わきま》えたうえでうかがいますが、一七世紀後半から一八世紀にかけて、経験を重視する哲学者が次々に登場したのはなぜでしょうか。

戸田　やはり自然科学、そして光学機器などをはじめとした技術の発展などの影響が大きいと思います。ロックは医者でもあるし、ロバート・ボイル（一六二七―九一）の実験助手を務めるなど、自然科学的なキャリアから出発しているので、とくに自然科学の営みから大きな影響を受けています。ヒュームだって自然科学を模範にして、観察にもとづく手法で哲学を展開しているから、やっぱり自然科学が一つのモデルになっていると思うんです。同時に自然科学を哲学のモデルにするロックやヒュームと、それ以前のデカルトやスピノザとをくらべると、知識というものの捉え方が違っているんですね。たとえばデカルトだと、ちょっとでも疑わしいものは知識として認められないから、知識と認められるハードルがきわめて高いわけです。

それに対してロック、バークリ、ヒューム、そしてトマス・リードといった哲学者は、より柔軟に知識を捉えるようになります。順番に見ていきましょう。

ジョン・ロック（1632–1704）
ゴドフリー・ネラー作、1697年
エルミタージュ美術館

まずロックは、当時の自然科学で提唱されていた粒子仮説をベースに、自分の認識論を組み立てています。粒子仮説とは、世界に実在する物質的なものは、すべて原子や分子といった微粒子からできているというもの。ロックでは、その粒子が僕たちの感覚器官に作用した結果、その刺激が脳まで伝わり、脳と何らかのかたちで結びついた心のなかに、外界の表象である観念が生み出されると説明されます。でも、

ジョージ・バークリ（1685–1753）
ジョン・スマイバート作、1730年
ナショナル・ポートレート・ギャラリー
©National Portrait Gallery, London

粒子仮説というぐらいだから、確実性はない。それをベースに認識論を組み立てている時点で、知識に対する考え方が、デカルトにくらべるとソフトになっていますね。

ロックの場合、そもそも心の外にある物体を知覚できない以上、外界の表象である観念に対応する物体があるということは絶対確実には言えないわけです。でもロックはそのへんは「まあ、ええやろ」ぐらいの感じで考えている（笑）。というか、はじめからそういったものの存在を前提しているんですね。ある意味、おおらかな知識観なんですよ。

しかしそこが「心の外にモノが存在するとどうして言えるんや」と批判されてしまうわけですね。これはロックに対する批判としては筋違いだと思います。というのも、先ほど言いましたように、ロックは、仮説としてそういったモノの存在を前提にしていますから。それを無視して、どうして心の外にあるモノの存在が正当化できるのか、という批判が広まってしまった。だからバークリになると「心の外のモノなんて考えるからおかしい。心のなかの観念だけでええやんか」という話になるわけです。

――有名な「存在するとは知覚されることである」ですね。これはこれで、極端な考え方だと思うんですが。

戸田　バークリの言い分は、知覚の対象ではない物質が心の外に存在すると認めることで、外的な事物に対する懐疑主義をまねいてしまう、ということです。ふつう、この机の上にペットボトルがあることは、明白に知ることができる。しかし、もしそういった明白な知識でさえ僕たちが持てないとなると、神のような崇高な存在についても人々は疑うようになってしまうとバークリは危惧《きぐ》したんです。

実在しているのは観念である

戸田　ただ誤解してはいけないのは、バークリからすると、実在物がないということではなくて、そもそも僕たちが知覚している心のなかの観念じたいが実在物である、ということです。そのことを彼は『ハイラスとフィロナスの三つの対話』（一七一三）のなかで、登場人物であるフィロナスに、次のように言わせています。

私は、新しい思念の創始者だなんて言いませんよ。以前は一般人と哲学者の間で共有されていた真理を統一して、明るい光の下に置こうと努力しているだけなのです。そして、一般人の意見では、直接に知覚されるものが実在物だということで、哲学者の意見では、直接に知覚されるものが心の中の観念だということなのですね。その二つの思念が一緒になって、結果的に私が主張しているものになるのです。

——『ハイラスとフィロナスの三つの対話』戸田剛文訳、岩波文庫、一三〇頁

一般の人は自分たちが普通に知覚しているものを実在物だといい、哲学者は自分が直接知覚しているものは心のなかの観念だという。両者を合わせると、知覚している観念が実在物である、となる。ただこの折衷案によって、余計におかしなモンスターが出てきてしまった。結果、どちらからも好かれないという状況になってしまいましたが（笑）。

話を知識観に戻すと、バークリの場合は、観念が実在しているわけですから、目の前に手袋があることは知識になるんですね。見て「手袋だ」と思い、触ってはめて「手袋だ」とわかる。それが手袋であることの十分な証拠になるわけです。

もちろんバークリの言うような知識は、論理的には一〇〇％の確実性は持っていません

が、「それでもええやんか」というのだから、やっぱり知識のハードルは下がっています。

②ヒュームとトマス・リードの場合

戸田　ヒュームの場合、一昔前は懐疑論者のラベルを貼られていました。因果関係だって必然ではないし、心の外にモノがあることも必然ではない。そうやって必然性を否定しまくったものだから、知識じたいを否定するような懐疑主義の代表格にされてしまったんですね。

しかし現代のヒューム研究者の多くは、違う見方をしています。つまり、経験では必然性にたどり着かないけれど、それでも僕たちは因果関係や外的なモノの存在を知識と見なしている。ヒュームはそういう人間の本性を重視しているんだという捉え方になっている。だからヒュームも、**知識を否定しているのではなくて、知識という概念をより柔軟に拡張している**と考えられます。

デイヴィッド・ヒューム（1711–76）
アラン・ラムゼー作、1766年
スコットランド国立美術館

トマス・リード（1710–96）
ヘンリー・レイバーン作、1796年
アバディーン大学

――経験論には必ずしも含まれませんが、トマス・リードはどういう知識観なんでしょうか。

戸田　トマス・リードは、まさにヒュームを懐疑主義として批判した哲学者です。リードにとって、外的な事物の存在は、証明するようなものではなく、心の働きや知識を考えるうえでの前提として捉えられている。その意味では、リードの議論とヒュームを肯定的に解釈したときの議論は意外に接近しているんです。

ただリードはより積極的に、「知識に絶対的な確実性は必要ない」ことを主張します。そして**懐疑主義ではなく、「私たちは間違えることがある」という可謬《かびゅう》主義を積極的に認める**ところが、リード哲学の特徴です。それは「間違いがあれば、それを正すために訂正を重ねていけばよい」という訂正可能性を認め、そのうえで知識の可能性を考えるということです。

ここまで見たように、知識を柔軟に捉える姿勢はロックやバークリ、ヒュームに共通に見られるものですが、リードはそれをより明確に主張した哲学者と言えるでしょうね。

ちなみにリードの可謬主義的な哲学を高く評価したのが、プラグマティズムの創始者として知られるチャールズ・サンダース・パース（一八三九—一九一四）です。あるいはプラグマティストではありませんが、可謬主義的な知識観を主張しているカール・ポパー（一九〇二—一九九四）も、リードを高く評価しています。

リードの「第一原理」

——トマス・リードは、哲学の「第一原理」という考え方をしますよね。第一原理とは、学問を成り立たせる一番の前提になる原理のことです。こういう第一原理を設定することと、柔軟な知識観はどのように両立するんでしょうか。

戸田　たしかにトマス・リードの知識体系は、**第一原理を思考の出発点に置く**というかたちになっています。一般に、知識体系の土台となる原理を置く考え方を、「**基礎づけ主義**」といいます。その代表格はなんといってもデカルトでしょう。

——デカルトは「我思う、ゆえに我あり」を、自身の哲学の第一原理と呼んでいますね。

戸田　そうです。リードも第一原理を置きますから、広い意味では基礎づけ主義者に含まれます。ただし、同じ基礎づけ主義といっても、デカルトとリードではずいぶん違うんですよ。

デカルトの場合、片っ端から疑わしいものを取り除く方法的懐疑を貫いて、最後に絶対確実な「我思う、ゆえに我あり」という命題を導き出し、これを土台にして、神の存在証明を経て、さまざまな知識を基礎づけていくわけです。

それに対してリードの場合、第一原理とはいえさまざまな種類があるんですよ（次頁参照）。まず「必然的な第一原理」と「偶然的な第一原理」の二種類に分かれて、必然的な第一原理は六つ、偶然的な第一原理は一二個のリストが並ぶんです。

しかもリードは確実性を放棄しているから、自分が第一原理だと言っているものも、もしかしたら間違っている可能性があることを認めるんです。一応自信は持っているんですよ。自信は持っているけれど、「絶対確実に間違いない！」とまでは言いません。だから第一原理といえども訂正される可能性に開かれているんですね。

そうするとリードの基礎づけ主義は、一般に基礎づけ主義と対立したものと見なされる「**整合説**」という考え方に接近していくんです。

整合説では、基礎づけ主義のように、基礎的な土台の上にさまざまな知識を積み重ねていくのではなく、それぞれの知識が大きなネットワークを形成し、たがいに支え合う構造

リードの第一原理

【必然的真理の第一原理】

1 文法的な原理（形容詞が実体に属していること、完全な文は動詞がなければならないことなど）
2 論理的な規則など
3 数学的な公理
4 嗜好についての公理
5 道徳の公理
6 形而上学的な公理

【偶然的真理の第一原理】

1 私が意識しているあらゆるものが存在していること
2 私が意識する思考は、私自身、私の人格と呼ばれる存在者の思考であること
3 判明に記憶しているものが実際に存在したということ
4 記憶が続く限り、人格の同一性があり継続して存在しているということ
5 感覚によって判明に知覚するものは実際に存在するということ
6 われわれは自分の行動と意志を決定する能力があるということ
7 真偽を区別するわれわれの能力は信頼に足るものであるということ
8 われわれが友人として接している存在者は、生命と知性を持っているということ
9 人の表情や声の調子は、心の思考を表しているということ
10 人の証言や権威には、それなりの信頼性があるということ
11 人の意志に依存した多くの出来事があり、それらには信頼できる規則性があるということ
12 自然の現象において、起こりうるものは、おそらく同じような状況で起こったものに似ているだろうということ

戸田前掲「バークリとリード——常識を巡って」57、58頁を参考に作成

をとると考えます。たしかにリードは、基礎づけ主義的に第一原理を定めますが、それらは、とりあえず正しいと認めざるをえないとリードが考えた信念でしかありません。だから、それらの信念もまた訂正可能なわけですね。そうすると、第一原理もまた知識のネットワークの一つと見なすこともできる。だからなんらかの知識を修正する場合、第一原理も含めてネットワークのあちこちを修正していく可能性もあるわけです。これはのちのクワイン（一九〇八―二〇〇〇）が提唱したホーリズム（全体論）的な発想とも近いものです。

――なるほど。たしかにデカルトの基礎づけ主義とはまったく違っていますね。

戸田　それは知識が柔軟になっていくことと関係しているんですよ。だから僕は、合理論と経験論というふうに分けるより、**知識が柔軟になっていく歴史として、デカルトからリードへの流れを見たほうが、哲学の流れもつかまえやすい**のではないかと思っています。

「常識哲学」とは何か

バークリのどこが「常識的」？

――トマス・リードは「スコットランド常識学派」の一人として紹介されますが、そもそもスコットランド常識哲学はどのような流れで出てきたんでしょうか。

戸田　トマス・リードはスコットランド常識学派の代表格ですが、若いときの彼を指導していたジョージ・ターンブル（一六九八―一七四八）という人がいるんです。このターンブルがバークリ主義者だったから、その影響によるのではないかと言われています。リード自身によれば、彼も当初はバークリ信奉者だったんですよ。ここで重要なのは、バークリは自分の哲学について、常識を重視した議論だと主張していることです。流れとして見るなら、バークリの常識重視の姿勢をターンブルやリードが受け継いだことが、スコットランド常識学派の形成に一役買っていることはたしかです。

もう一つ、リードに関して言えば、彼はスコットランド長老会派という宗派の牧師を務めていました。長老会派というのは、選ばれた長老たちと牧師が話し合って地区の運営が行われる制度で、そういうところだと比較的穏健な運営が行われやすいのではないかと聞いたことがあります。だからリードは、思想的にも常識的な発想を大事にするということを教わったはずです。リードの常識哲学の背景には、そういった精神風土の影響もあったかもしれません。

また、リードの著書にも出てきますが、一八世紀初頭のイギリスにはシャフツベリー卿（一六七一―一七一三）など、「常識」というものに注目する雰囲気が出てきているようです。

――バークリは、自分の哲学を常識重視と考えているんですか!?

戸田　そうなんです。常識外れと言われたバークリですが、彼自身は『哲学注解』という私的なノートで、「私は、すべてのことがらについて一般人に味方する」と主張していまず。実際、常識哲学の研究では、近代で常識の重要性を積極的に主張した先駆としてバークリが取り上げられることもあります。

――「存在するとは知覚されること」みたいな議論は、まったく常識的には見えませんが……。

戸田　常識ってそのくらい懐《ふところ》が深いわけですよ（笑）。僕たちだって、多少矛盾したことでも、清濁《せいだく》併《あわ》せ呑《の》む姿勢で受け入れることがあるでしょう。たとえば「運命と自由は両立しないんちゃうの?」と言われても、ふつうの人は「ほんまやなあ」ぐらいの感じでとくに気にしないわけです。

先ほど、バークリは心のなかの観念を実在物と捉えたと言いました。バークリにとって、それは「常識擁護」なんですよ。バークリの思考に即して説明してみましょう。

まず、心の外に物質が実在すると考えることは、バークリにとっては懐疑主義への道なんです。

——論証しようがないからですね。

戸田 そうです。これも先ほど言いましたが、知覚によって身近な物体の存在を知るということに対する懐疑は、神の存在の懐疑にまで至ってしまう可能性がある。だから懐疑主義を阻止しないといけない。そのためには、物質を否定して、心のなかの観念じたいを実在物とすればいい、ということになる。

さて、ここで常識について考えてみると、一般人は物体を直接知覚し、その物体が実在物だと思っている。だから直接知覚しているものが実在物だと考えることは、常識を尊重していることになるわけです。

では、粒子仮説を採用しているロックがアンチ常識かというと、そういうわけでもない。

たとえば多くの人は、意識に現れる現象は相対的だけれども、それとは別に客観的な世界があると思っています。これも一つの常識的な考え方ですが、ロックはそういう考えは擁護しているんです。

――ロックとバークリでは、擁護している常識の対象が違うんですね。ロックは意識の外に独立した世界が実在していることを常識と考えるし、バークリは直接知覚できるものが実在物だということを常識と考える。

戸田　そういうことです。そして、バークリの議論には「常識」という言葉が頻繁に登場する。そこがロックと違うところです。リードたちへの影響を考えても、バークリがとにかく常識というものに注目して、議論にたくさん使った点が重要なんです。

バークリとリードの「常識」

――バークリの議論は、発表当時はどのように受け取られたんですか。

戸田　最初は「けちょんけちょん」でした。二冊目の著作『人知原理論』（一七一〇）は、彼が二五歳のときにロンドンに突然持っていって出版したんですね。そうしたら、「この著者は病院に行ったほうがいい」と。どれだけ時代が変わっても、悪口のレベルは変わらないわけです（笑）。

それに対して、先に引用した『ハイラスとフィロナスの三つの対話』という著作は、彼が二八歳のときに出版されたものですが、たいへん評判が良かった。『人知原理論』とそんなに違うことを言っているわけではないのに、受け入れられた。なぜかというと、あの『ガリバー旅行記』の作者であるジョナサン・スウィフト（一六六七―一七四五）が、バークリの同窓の先輩なのですが、彼はバークリをとてもかわいがっていて、彼を社交界に紹介して、顔が広くなったというのがやはり大きいと思うんです。そんなことで評価が変わっていく（笑）。

――リードはバークリの、常識についての哲学をどのように受け取ったんですか。

戸田　リードは当初はバークリ主義者でしたが、ヒュームの議論を読んで考えを変えました。リードからすると、バークリもヒュームも、外界の実在を疑う懐疑主義です。結局は二人とも、心のなかの観念や印象を知覚の対象にしている。そういう発想じたいに問題があるとして、バークリを批判するわけです。

つまりリードには、バークリの議論が常識的とは思えなかった。常識は英訳すれば「コモンセンス」ですから、僕たちが世界を考えるうえで共通に持っている基本的な考え方でないとおかしいわけです。

ではリードにとっての常識とは何かというと、第一原理を常識のように語る場合もあれば、第一原理を見抜く判断能力を常識と捉えている場合もあります。

イギリス哲学者たちの世界観・価値観

「神」の使われ方

――ロック、バークリ、ヒューム、リードは、神についてはどのように考えていたんでしょうか。

戸田 ロックとバークリは、神というものを非常に重視しています。哲学的な議論としては、ロックは神について『人間知性論』の第四巻で、その存在が確実であることを証明しようとしていますし、また、僕たちの能力や知識が不完全なものであっても、それが幸福の追求に十分なものであると言えるのだとするときにも、神を持ち出します。完全で確実なものでなくても、困らないように神がしてくれているというのです。

もっとも多少の宗教的な思想の相違については、お互いに寛容の精神で臨むことを主張していますので、ガチガチの「こうでないと」という立場ではありません。ですから、伝統的な神学者からの批判もあったと思います。

バークリは聖職者ですから、哲学も神様のためにやっているところがある。彼の知覚論では、知覚されていることが存在していることだとすると、僕たちが知覚してない間は、物体は存在しないことになってしまいます。でもバークリに言わせると、僕たちが知覚していない間も、物体は神によって知覚されている。

そういうかたちで神は登場するけれど、神学でお馴染みの三位一体《さんみいったい》がどうのこうのといった細かい議論はしていません。神そのものについては、実はそんなに論じられていないわけです。それは別にわからなくてもいい。先述した懐疑主義批判も、神の存在さえ疑わなければいいんです。

ヒュームの場合、神学も他のさまざまな信念と同じように、人間の本性から形成されたものとして説明するところがあるので、当時の人たちからは無神論を疑われていました。それが原因で、トマス・リードに教授選挙で負けたこともありました。

ただ、神学や神の存在に対するヒュームの考えについては、私自身もっと研究していかなければならないところだと思っています。というのも、ヒュームは経験の範囲内に限定して議論をするので、神学についても独特の距離感があるからです。それゆえ、現代でもけっこう人気があるわけです。逆にバークリの議論は、先ほどの知覚論のように神様が頻繁に登場するので、とくに日本では胡散臭《うさんくさ》く感じられてしまうんですよ（笑）。

リードの場合は、信頼性の根拠として神を使います。僕たちの本性や能力は神に与えられているものであり、神に与えられているものを信じないのはおかしい、というわけですね。でも、神についての詳しい議論は別にありません。

いま挙げた四人は総じて、**議論のために神様は使うけれど、神学の込み入った議論にまでは踏み込んでいない**感じがします。

バークリの自然科学観

――バークリは聖職者ですが、自然科学に対してはどういう態度を取っていたんでしょうか。

戸田　そこは難しくて、研究者によって見解が変わってくると思います。僕の見方では、バークリもアンチ自然科学というわけではなく、どちらかといえば**アンチ物質論**なんです。

だから、粒子のような知覚できない存在を認めるタイプの自然科学の主張に対しては批判します。

でも、電子顕微鏡を使えば原子や分子が見えると考えることはできます。原理的に知覚可能なものならば、バークリも存在することを認めることができるはずなんです。そうすると、物体は原子や分子からできていると考えることは、バークリも否定しないと思うんですよ。どういうことかというと、顕微鏡を使わない知覚と顕微鏡を使った知覚は、自然法則として対応していると考えるんですね。そういう意味で言うと、モノが粒子でできていて、粒子の刺激が感覚器官に当たり、神経を通って脳に行き、僕たちにモノが見えているという説明じたいは、否定する必要はないんです。

――わかるような、わからないような……。

戸田　こういう喩《たと》えで説明しましょう。医者が患者の脳を医学機器で見ているとします。患者には自分の脳は見えないけれども、医者が脳や神経を見て、患者が何かを知覚しているときに生じている脳や神経の状態を発見したとしましょう。

この場合、患者の心のなかに現れている観念の系列と、医者が見ている脳や神経といった観念の系列はまったく別の系列なんですね。でも、その二つの観念の系列は、神様が対応させている。つまり、患者がある観念を知覚することと、それを医者が生理学的に説明することとは、異なる二つの観念の系列が対応していると考えるんです。

このように考えるなら、バークリにとって当時の自然科学をすべて否定する必要はありません。たとえばバークリは、次々に現れる観念の系列は自然法則に従っているという議論を展開しています。別に難しい話ではなくて、火に紙を近づければ燃えるとか、コップを床に落とせば割れるとか、世界に存在するあらゆる法則のことをバークリは、「**観念の自然法則**」と呼びます。さらに彼は、こうした自然法則を〈**神の言語**〉とも言っているんです。

神の言語である自然法則には規則性があり、だから僕たちは世の中の事物を同じように知覚できるし、その法則を知ることができる。ここまで来ると、いわゆる自然科学の説明とけっこうなところまで合致するんですね。もっとも原子や粒子を使った科学が、バークリ的な捉え方でほんとうにうまくいくのかという点は問題があるかもしれません。

抽象観念と一般観念

――バークリは数学についてはどう考えるんですか。

戸田　「無限」のような抽象観念は否定します。だからニュートンの議論でも、絶対空間とか絶対運動とかは知覚できないので否定するわけです。

――抽象観念全般を否定しているわけですか。

戸田　そうです。ただし、ややこしいのは、**抽象観念は否定するけれど、一般観念は否定しない**ということです。この問題は、ロックまで遡《さかのぼ》って説明したほうがわかりやすいと思います。

ロックにとっては、僕たちが思考できる対象はすべて観念です。では、たとえば「人は必ず死ぬ」と言ったときの「人」は何を指しているのか。ロックによれば、ここでの「人」という言葉は、誰か特定の人のことではなくて、一般的な人を指している。そしてロックの哲学の建てつけでは、観念の記号が言語なので、「人」という言葉に対応する一般観念があることになります。ロックの言葉を見てみましょう。

心は、個々の対象から受けとった個々特殊な観念が一般的になるようにする。これはこれらの観念を、他のすべての存在や、時とか所のような実在するときの諸事情や、その他いっさいの同伴観念から切り離されて心に現われたものとして考察することによって行なわれる。

——前掲『人間知性論』九七—九八頁

この場合、「人」という観念は必ずしも見えるものではないわけですよ。この点はデカルトも同じような立場で、観念には像としてはっきり知覚できるものもあれば、「人」のように具体的なイメージとしては捉えられないものもある。それらをひっくるめて、思考の対象はすべて観念と呼ばれるのです。

一方、バークリとヒュームは、観念が具象的なものだと考えているようなので、抽象的な観念はありえない。では、二人は「人」という観念をどのように説明するのかというと、「人」という言葉は観念としては誰か具体的な人物を表す記号だとしても、その人とよく似たものを心に示唆することによって一般化される。そのような主張をするわけです。だからロックのような共通項だけを抽出した抽象観念は認めないけれど、一般観念は認めることになります。

でも、ロックの抽象観念も、バークリの一般観念もそれぞれ弱点がある。一般観念の場合、個別の観念がそれと類似するさまざまな観念を示唆するというわけですが、何か嚙《か》み合っていないような気がします。

ロックがなぜ個別ではない「人」という抽象観念の存在を認めたかというと、個別具体的な人間と、他の人間とを結びつけるためです。つまり、さまざまな人間を一つのグループにするには、個別の人間ではない一般観念が必要だとロックは考えたはずです。

バークリやヒュームは、一人の人間との「類似」で、他のさまざまな人間を心に示唆すると言うけれど、類似という概念は、それ以上の説明が難しいんですよ。

一方、ロックの説では、さまざまな人を知覚して、そこから背の高さや肌の色など、個別的な違いを取り去って共通の部分だけを残すことで、「人」という観念をつくるわけですね。しかし、そもそもなぜ「人」という観念を持っていないのに、さまざまな人に出会えるのかという問題が出てきます。

――循環論法になってしまうんですね。

戸田　そうそう。だからどちらにもそれなりに問題があるんですね。

言語行為論の先駆

戸田　せっかく言語の話が出たので、バークリの言語論の面白いところを話しておきましょう。彼は、**言葉の唯一の目的は観念を伝達することではない**ということを、『人知原理

論』の序論で言っています。その部分を引用すると、

言葉によって表わされる観念を伝達することが言語の主要で唯一の目的だということになっているが、しかしそうではない。たとえば、ある情念を引き起こす、ある行為を促すあるいは躊躇させる、精神を何か特定の気分に陥らせるといった他の目的もある。

——『人知原理論』宮武昭訳、ちくま学芸文庫、四六頁

たとえば、ある哲学者が「アリストテレスも私と同様のことを言っていた」と言ったとしましょう。その人の目的は、聞き手の心のなかにアリストテレスの心像や観念を浮かべさせることではなく、敬意をもって自分の話を聞く気にさせることだといいます。

こういった、**効果という側面から言語を捉える視点**は、後期ウィトゲンシュタインの「言葉の意味はその使い方にある」という考え方の先駆けだと評価する人もいます。

——面白いですね。次巻で扱う分析哲学の言語行為論にもつながる言語観ですね。

戸田　そうなんです。さらに脱線してしまうけれど、言語行為論のような話はトマス・リードの著作にも出てきます。『人間の知的能力に関する試論』の第一巻第八章「心の社会

的な働きについて」では、「あらゆる言語において、社会的な活動である質問・命令・約束は、個人的な活動である判断と同じく、容易にそして適切に表現される」（戸田剛文訳、岩波文庫、上一三二頁）と書かれている。この箇所なんて、言語行為論の代表格であるジョン・オースティン（一九一一―六〇）の議論を彷彿《ほうふつ》とさせますね。

バークリにせよリードにせよ、彼らの哲学は現在のように、倫理学や知識論、認識論や存在論といったようにきちんと分化しているわけではありません。おそらくは彼ら自身の世界観・価値観のもとで、さまざまなことを言っている。それは曖昧と言えば曖昧かもしれないし、素朴と言えば素朴かもしれないけれど、懐が深いところでもあるんです。

現在の哲学は、とにかく細分化してしまいました。だから学会に行っても、僕には難しすぎることが多くてあんまり楽しめないんですよ。もちろん細かい話も大切でしょうが、他方で、それが世の中の問題とどのようにつながっているのかが見えにくいわけです。専門的に研究すればするほど、世間とのつながりが見えにくくなって、細かいパズルを解くようなことになってしまう。いまや、単なるパズル好きが哲学好きになっている傾向があるような気がしますね。

「哲学を勉強したいんだけれど、何をやったらいいのか？」と聞いてくる学生さんがけっこう多いんです。そういうとき僕は、「問題は身近なところにあるから、まずは社会のことをよく観察して、これはおかしい、と思うことがあったら、そんな問題意識とマッチする哲学をやりなさい」とよく言います。

昔の哲学者は、自分たちの思索が社会にとって必ず役に立つと思っていたはずです。だから、学問の価値は社会に役に立つかどうかでは決まらない、などということになったら、哲学の場合はそもそもの魅力が失われてしまうような気もします。ちょっと脱線してしまいましたね（笑）。

哲学史の学び方

哲学研究のきっかけ

――脱線ついでですが（笑）。戸田さんがこれまで研究対象としてきたバークリやトマス・リードは、日本ではそれほど馴染みがありません。どういう経緯で、この二人を研究しようと思ったんでしょうか。

戸田　自分語りのようになってしまいますが、僕は学生の頃、哲学にまったく興味がなかったんです。むしろ嫌いでした。言葉が難しいし、わけのわからない言葉をわかったような感じで駆使する哲学好きの友達の会話も嫌だったし。「哲学って気持ち悪い」ぐらいに思っていたんですよ。まあこれは半分は妬《ねた》みなんですが（笑）。

ただ、仲の良かった優秀な友人が哲学に進むというので、彼からレポートを写させてもらおうと思って哲学の分野にしただけ。将来はサラリーマンか公務員になったらええわ、という感じでした。

卒業が迫ってくると、卒業論文のために哲学の本を読まなければならなくなった。ちょうどその頃、冨田恭彦《とみだやすひこ》先生の授業でバークリの演習が行われていたこともあり、バークリで卒業論文を書くことにしたわけです。まあ、バークリ以外の哲学書を読んでいなかったということもありますが（笑）。

それがきっかけとなって、幸か不幸か哲学の研究者になりました。しばらくはバークリだけを研究していましたが、「もう少し幅を広げなあかん」と思うようになった。そんなとき、バークリの著作によく出てくる「常識」って何のことか、が気になってきました。常識という問題は、バークリ研究者の間でも一大テーマだったんですね。

バークリの二次資料を読んでいると、ときどきトマス・リードの名前が出てきて、彼もまた常識という言葉をよく使っていることがわかってきた。だったらリードも読んでみよう、という調子で広がっていったわけです。

自分なりのストーリーを描け

戸田　博士課程のときかその後ぐらいだと思いますが、トマス・リードの『人間の心の探求』の邦訳が、「心の哲学」というタイトルで出たんですよ。僕がリードを読み始めた頃は、翻訳がまったくなかったんですが、ロックにくらべると読みやすい英語だったし、邦訳が出たのを機会に読み直すとけっこう面白いんですね。

あともう一つ、大勢が研究している哲学者にはなかなか興味が向かないんです。バークリやリードの二次文献など、その気になればコンプリートできるくらいかもしれない。しかも、師匠の冨田恭彦先生もリードにはそれほど言及されていなくて、しかも強力なバークリの批判者でした。生意気盛りの学生の頃って、指導教員にいかに抵抗するかを考えるじゃないですか。ご多分にもれず、僕もそうでした(笑)。それが僕にとって、師匠に対するリスペクトなわけです。でも冨田先生は、僕のそういうところをとても可愛がってくださったんです。

その後、リチャード・ローティ（一九三一―二〇〇七）が来日したとき、冨田先生も世話人をされていたので、講演を聴きにいったんですね。聴いただけではよくわからなかったけれど、本を読んでみると、プラグマティストの思想がバークリやリードに通じるところがあると思うようになった。そうやってプラグマティズムについて勉強していくと、パースがリードのことをきわめて高く評価していることに気がつきました。

あるいはポパーを読み始めたのは、お世話になっていた神野慧一郎《かみのけいいちろう》先生からポパーの話を聞いたのがきっかけです。神野先生は、かつてＬＳＥ（ロンドン・スクール・オブ・エコノミクス）でポパーに直接学ばれていた時期があるんです。すると、ポパーの本でもリードが高く評価されている。

ローティもポパーもほんとうに偶然で読み始めましたが、自分が面白いと思った哲学者にはどこか似ているところがあって、時代を隔ててつながっているような気がします。そういう意味で言うと、哲学史の教科書に書いてあることとは異なる、自分なりのストーリーができると、過去の哲学もがぜん面白くなってくるはずです。

――たしかに哲学史の教科書だと、そういう時代を隔てた影響関係がなかなか見えてきません。戸田さんのように、自分なりのストーリーで見ていくと、さまざまな発見ができそうです。

戸田　そう思います。だから最初の話に戻ると、イギリス経験論とか大陸合理論という区分は目安ぐらいで考えたほうがいいんです。地域的なニュアンスの違いは多少はあるでしょうが、そんなにうまく分かれませんし、分けようとする必要もない。

――変な先入観を持ってしまいそうですね。イギリスは理性より経験だ、みたいな。

戸田　そう。学生にもよく言うことですが、ロックもバークリもヒュームも、自分ではイギリス経験論だなんて名乗ってはいません。それは後世の人が自分の観点でラベルを貼っているだけです。そのラベルから入ると肝心なものが見えなくなるんですね。そういうラベルはあまり気にせずに、歴史をよく見て、むしろ自らのストーリーに合うようなラベルに貼り替える。そういう勉強の仕方をおすすめします。

第2章ブックガイド　戸田剛文

哲学にきちんと取り組もうと思うならば、やはり過去の哲学者自身が書いたものを読み、格闘するのが一番勉強になります。

バークリ（戸田剛文訳）**『ハイラスとフィロナスの三つの対話』**（岩波文庫、二〇〇八）

バークリがなるべく多くの人に理解してもらおうと対話形式で書いた哲学書。全体の長さがそれほど長くないので、繰り返し読むことができる。バークリの観念論だけでなく、身近な世界のあり方について、自分で議論を追体験しながら読み進めてほしい。

トマス・リード（戸田剛文訳）**『人間の知的能力に関する試論（上下）』**（岩波文庫、二〇二二、二〇二三）

大部の著作ではあるけれども、デカルトからヒュームに至るまでの哲学をじっくりと勉強したい場合は読んでみてほしい。一人ひとりの哲学者を取り上げつつ議論しているので、この本を読みながら、取り上げられている哲学者の本を読んでみるということをしていると、近代哲学の幅広い知識が身につくと思う。できれば、その過程でリードを批判的に検討するというようなこともやってみると、ますます深く考えることができる。

冨田恭彦『科学哲学者 柏木達彦シリーズ』（ナカニシヤ出版、一九九七〜二〇〇二、角川ソフィア文庫、二〇〇九〜二〇一〇）

いまでは電子書籍版しか手に入りにくいけれども、これを読んで哲学に興味を持ったという学生も多い冨田恭彦先生の名著。近代、現代の科学哲学、認識論を中心に、幅広い話題が、歴史的なつながりとともに、小説形式で展開されている。哲学的な問題がどれほど時代的・地理的広がりのなかで共有されてきたのかがわかる。

第 3 章

カント哲学

――「三批判書」を読み解く

御子柴善之

御子柴善之

みこしば・よしゆき

1961年、長野県生まれ。早稲田大学文学学術院教授。

早稲田大学第一文学部卒業、同大学院博士後期課程満期退学。

1992〜1993年、ボン大学に留学。

専門はカント哲学を中心とした西洋近現代哲学、倫理学。

2020〜2024年、日本カント協会会長。

主要著書

『自分で考える勇気――カント哲学入門』(岩波ジュニア新書、2015)

『カント哲学の核心――『プロレゴーメナ』から読み解く』(NHKブックス、2018)

『カント　純粋理性批判』(角川選書、2020)

『カント　実践理性批判』(角川選書、2024)

共編著など

『理性への問い』(晃洋書房、2007)

『グローバル化時代の人権のために――哲学的考察』(上智大学出版、2017)

翻訳書

カント『道徳形而上学の基礎づけ』(人文書院、2022)

カント『コリンズ道徳哲学』(カント全集20、岩波書店、2002)

イントロダクション

人間的「自由」のための哲学

斎藤哲也

本章はカント哲学に入門するパートだ。

イマヌエル・カント（一七二四―一八〇四）は、ヒュームやルソーの少し後に生まれているが、おおむね同じ時代を生きたと言っていいだろう。生まれは、プロイセンの首都ケーニヒスベルク（現ロシア領カリーニングラード）。当時のドイツはヨーロッパの後進地域で、まだ国として統一されていない。隣国のフランスでは啓蒙思想が席巻《せっけん》し、カントの晩年にはフランス革命が起こる。カントが生きた一八世紀は、まさにヨーロッパが大きく生まれ変わろうとしている時代だった。

カントといえば、何はさておき、『純粋理性批判』『実践理性批判』『判断力批判』を合わせた「三批判書」が有名だ。御子柴さんへのインタビューも、おおむねこの三作に沿って進んでいく。そこでこのイントロダクションは、三批判書の書名の意味を解きほぐすことで、インタビュー本編への導入役を果たしてみたい。

純粋理性を「批判」するとはどういうことか

上記の三作には、どれも「批判」という言葉が使われている。批判というと、マイナス面を指摘することのように思うかもしれないが、カントが使う「批判」はそれとはニュアンスが異なる。『純粋理性批判』と言っても、純粋理性にダメ出しをしているわけではないのだ。

インタビューでも説明されているように、「批判」はドイツ語でも英語でも「クリティーク（英：critique, 独：Kritik）」で、いずれもギリシア語の「クリノー」に由来する。そしてクリノーの原義は「**分ける**」である。

三批判書の「批判」もこの意が掬《すく》い取られていることを念頭に置きながら、以下の解説を読んでもらいたい。

まずカントの代名詞にもなっている『純粋理性批判』から。『純粋理性批判』は、一言で言えば、理性にできることとできないことを分け、**理性ができることの限界を画定すること**を目的としている。

ではなぜ理性の前に「純粋」をくっつけるのか。カントの言う理性とは、事物のあり方を推理して、その原理を求める能力のことだ（〈広義の理性〉と〈狭義の理性〉の違いはインタビュー参照）。

この理性の能力を全開にすると、事物の究極の原因を求めようとする。すると、プラトンが事物の真なるあり方をイデアに求めたように、理性は人間が経験できる事柄を突き破ってしまうことがある。純粋理性とは、そういう**経験を突き破って原理を求めてしまう理性のあり方**のことだ。

イデアや神の存在、魂の不死など、経験や感覚では捉えることのできない、世界の原理や事物の存在を問う学問を「形而上学」というが、純粋理性は当然、形而上学に足を突っ込むことになる。「純粋理性の批判」が狙い定めるのは、そこだ。カントの言葉を引用しよう。

したがって、純粋理性の批判とは、形而上学一般が可能であるか不可能であるかを決定することであり、また形而上学一般の源泉ならびに範囲と限界を規定することである。——『純粋理性批判』第一版、全集（アカデミー版カント全集、以下同）第四巻

XII頁、御子柴善之訳

ここでも「批判」が持つ「分ける」の意味がよく出ていることがわかるだろう。純粋理性の批判は、形而上学が可能なのか、不可能なのかを「分ける」ことだ。そして結論を先取りすれば、形而上学は、「認識」という面では不可能だとカントは論じている。

この形而上学の世界は、カントの言葉で言えば**「物自体」の世界**である。物自体とは、人間の主観に現れる現象としての物ではなく、主観とは独立にそれ自体として存在すると考えられる事物のあり方を意味している。人間の（広義の）理性が認識できるのは、現象の世界に限られており、物自体を思考することはできても、決して認識することはできない。「それはなぜか」を論証するところに、『純粋理性批判』の核心がある。

コペルニクス的転回

上記に関連して、有名な「コペルニクス的転回」という言葉について解説しておこう。

カントは、外界の認識は、人間がア・プリオリに（＝経験に先立って）備えている認識の枠組みを通じて行われると考えた。この認識の枠組みには、「**感性の形式**」と「**悟性《ごせい》の概念形式**」という二種類がある。「感性」や「悟性」の意味については、インタビューを参照してほしい。

「感性の形式」とは、物事を時間と空間という形式で捉える枠組みのこと。人間はまず、外界から与えられる対象を、感性を通じて、時間と空間という枠組み（形式）で受け取り、続けて、悟性が備えているさまざまな概念のカテゴリー（量や質、原因と結果の関係）にしたがって把握する。

このような認識の働きによって、たとえば私たちは舞い散る桜の花びらを見るとき、花びらと自分とが同じひとつの空間にあるとわかるし、花びらが地面に落ちていく様子を時間的に感受する（感性の形式）。同時に、「風が吹いたから花びらが舞い散っている」という具合に、風と舞い散る花びらを「原因」と「結果」の関係で理解するわけだ（悟性の概念形式）。

カントはこのような認識の仕組みを「認識が対象に従うのではなく、対象が認識に従う」と表現した。カントの認識論は、天動説から地動説へと理論を転換させたコペルニクスの着想になぞらえて、コペルニクス的転回と呼ばれるようになった。人間の認識は、外界のさまざまな事物を受動的に取り込むのではなく、逆に、人間の認識の枠組みが、自然の事物を法則に適合するように理解しているのである。

カントの道徳論は自由と結びついている

続けて「**実践理性批判**」という言葉の意味を考えよう。

実践理性は、理論理性と対比される概念である。**理論理性**とは、『純粋理性批判』の主役である「認識する理性」のことだ。といっても、理論理性と実践理性という二つの理性が別々にあるということではない。理性の働きのうち、認識に関わるのが理論理性であり、実践（行為）に関わるのが実践理性である。

では、実践理性の批判とは何を意味するのだろうか。実践理性は行為に関わる理性であるから、**〈するべき行為〉と〈するべきでない行為〉を分ける**のが実践理性の批判だ。

〈するべき行為〉と〈するべきでない行為〉という区別は、道徳的に善い行為と悪い行為という区別でもある。

実践理性は、この〈するべき行為〉を道徳法則の形で私たちに命じる。それが「**定言命法**」と呼ばれるものだ。定言命法の反対語は仮言命法である。仮言命法とは、「〜ならば、〜せよ」という条件付きの命令のこと。たとえば、「お小遣いが欲しいならば、勉強せよ」というのは仮言命法だ。それに対して定言命法は、無条件に「〜せよ」と命令することを言う。

カントの定言命法にはいくつかバージョンがあり、それらがどのような関係にあるかという問題についてはインタビューで解説されているので、ここでは代表的なものを一つ挙げておこう。

君がその格率《かくりつ》によって、同時に、その格率がひとつの普遍的法則となることを意志できるような、そのような格率だけに従って行為せよ。

――『道徳形而上学の基礎づけ』御子柴善之訳、人文書院、八七頁

「格率」とは、自分で定めた行動原則のことだ。したがってこの定言命法は〈自分の

行動原則が、誰にとってもなすべき普遍的な行動規範となるように行動せよ〉という意味になる。

定言命法で示されるカントの道徳論の重要なポイントは、**「自由」という問題につながっているところ**にある。

カントにとって、人間の自由とは、好き勝手なことをすることではない。欲望に従って快楽を求めるような行動は、自然の生理に支配されているという意味で、自由とは言えないからだ。

カントの考える自由とは、自然の生理に服することなく、自ら決めたことをなすことができる自由である。すなわち人間の自由は、**自然法則を超えて、実践理性の命令に従い、自律的に善を行うことができる点**にある。

反省的判断力とは何か

三批判書の締めくくりとなる『判断力批判』という題名には、他の二作とは異なり「理性」という言葉はない。ここで言う「**判断力**」とはどういうことだろうか。

抽象的に言えば、判断力とは、個別的なものを普遍的なものに結びつけることを指す。たとえば、庭で咲いているアサガオ（個別的なもの）を「花」（普遍的なもの）と捉えるようなことだ。

ただし、その結びつけ方には二種類あり、カントはそれぞれ「**規定的判断力**」と「**反省的判断力**」と呼ぶ。規定的判断力とは、先の例のように、あらかじめ普遍的な概念が定まっていて、それに合わせて個別の事物が何かを判断することだ。それに対して、反省的判断力とは、夕焼けを見て「きれい」と思うように、個別の事物から主観のなかで普遍を見いだしていく判断力のことだ。

『判断力批判』で取り上げる判断力は、後者の反省的判断力、具体的に言えば「**〜は美しい」という判断をする能力**である。その主たる対象は、夕焼けや星空のような自然だ。

対象に美を感じるような反省的判断力は、主観なのか客観なのか。カントの答えは、主観的でありながら普遍的であるというものだ。そしてこうした議論は、**自然と自由の橋渡し**へと行き着く。

美が主観的でありながら普遍的であるとはどういうことか。自然と自由の橋渡しとは何なのか。インタビューをじっくり読んでもらいたい。

インタビューの読みどころ

高校倫理の教科書や巷《ちまた》の哲学史入門では、「カントの哲学は大陸合理論とイギリス経験論を統合した」と説明される。インタビューは、こういう図式的な説明が適切なのかどうかを尋ねるところから始まる。御子柴さんの回答を聞くと、教科書的な説明を鵜呑《うの》みにしてはいけないことがよくわかる。

『純粋理性批判』を読むうえで、避けて通れないのが「**超越論的**」というキーワードだ（高校倫理の教科書では避けているが）。文字面の取っつきにくさも手伝って、この単語だけで尻込みしてしまいそうになる。インタビューでは、「超越論的」をできる限りかみ砕いて解説してもらった。さらに「理性」「悟性」「感性」「統覚」といった概念も、一つひとつ説明されている。『純粋理性批判』超入門として役立ててもらえるとうれしい。

先述したように、カントの道徳論でキモとなる定言命法にはいくつかのバージョンがある。だが、それらはバージョンといいながら、それぞれどのような関係にあるのかは見えにくい。インタビューでは先行研究を参照して、その謎が解き明かされている。ここは、一般的な哲学史の教科書では素通りされてしまう問題なので、本書ならではの内容になっていると思う。

　イントロダクションでは説明しきれなかったこととして、三批判書相互のつながりがある。『純粋理性批判』は真、『実践理性批判』は善、『判断力批判』は美という、よくある説明は間違いではないが、**三批判書の間には内的な連関があること**がインタビューでは丁寧に解説されている。

「カントは難しい」とよく言われる。このイントロダクションやインタビューでも、まだ難しいところはあるかもしれない。そういうところは、少しずつ理解できる範囲を増やしていけばいい。本書を読んで「カントって面白そうだ」と思ってもらえることを願っている。

カント哲学

御子柴善之

インタビュー：斎藤哲也

ヒュームとルソーからの影響

「大陸合理論とイギリス経験論の総合」はほんとうか？

――カントというと、教科書的にはイギリス経験論と大陸合理論を統合した哲学者として解説されます。こうした理解は現在でも有効なのでしょうか。

御子柴　非常に大事な問いです。たしかに私が学生の頃には、そう習いました。しかし、いまどき研究者がそんなことを言ったら、いささか見識を疑われます。

そういう図式は、カントの後に登場する哲学者や哲学史家によって作られた哲学史ではないでしょうか。ある哲学者にとって、自分の前で知の流れが収束しているように歴史を描いたとしたら、自分はそれを受け継げばよいことになるわけで、仕事がしやすくなりますよね。経験論と合理論の統合という物語が生まれた背景には、そうしたバイアスがあったのではないでしょうか。そして日本の研究者たちも長らく、この物語を受け継いできたのだと思います。

経験を重視する経験主義的な潮流と、理性重視の哲学との融合ということなら、カント以前のドイツ語圏の哲学における有力者だった、クリスチャン・ヴォルフ（一六七九—一七五四）まで遡《さかのぼ》れます。ヴォルフは「理性と経験の結婚」と言うわけですから。

カント哲学になんらかの統合を見るとしたら、独断論と懐疑論とをふまえた批判哲学ということになるでしょう。このとき、経験論に由来する懐疑論はたんにネガティブな位置を占めるのではなく、独断論を揺り動かし、批判の重

イマヌエル・カント（1724–1804）
ゴットリープ・ベッカー作、1768年
シラー国立博物館

要性に気づかせる役目を果たします。

――なんと！　いきなり蒙《もう》を啓《ひら》かれた思いです。

御子柴　いまの質問に関連して、「カントが経験論者であったことはあるのか」という問題も重要です。私は否定的で、カントはどこまでも理性主義者です。ただ、「合理主義者」や「合理論者」と言ってしまうと、ちょっと違うんですね。理性主義も合理主義も、英語ではどちらもラショナリズム（rationalism）です。これをどう訳すかという問題ですが、合理論や合理主義と訳すと、〝ある目的を効率よく実現するための理性〟というニュアンスが強くなりますよね。

――日常でも「あいつは合理主義者だ」というと、そういうニュアンスが感じられますね。

御子柴　カントの理性主義にもそういう側面が部分的にはあります。しかし、そうではない理性を見つけたところがカント哲学の真骨頂なので、それを合理論と言ってしまうと違和感を覚えます。では、カントの理性主義はいわゆる合理論とどう違うのでしょうか。

次の二点を押さえることが、カント哲学に入門するなら決定的に大切です。一つは「**理性には放っておくと、自己矛盾を犯すような困ったところがある**」とカントが指摘していること。もう一つは、「**その困った性格のある理性こそが、私たちの自由な意志決定の根拠になる**」と議論を進めていることです。カントの言う理性はこの二面性を持っていて、どちらも合理という言葉に収まらないものなんです。

　では経験論的な側面はないのかといったら、「経験論者ではないけれど、経験を重視している」という説明をするのが適切でしょう。そもそも何か刺激を受けるという経験がない限り物事は始まらないとカントは考えていましたし、そのことは『純粋理性批判』第二版の序論の冒頭に「私たちのすべての認識は経験をもって始まる」と書いてあるとおりです。

――経験を重視しているということは、カントはイギリス経験論に括《くく》られるロックやヒュームをよく読んでいたんですか。

御子柴　カントは、大学時代の恩師であるマルティン・クヌッツェン（一七一三―五一）からロックの思想を学んでいたようですし、ヒュームの警告によって「**独断論的なまどろみ**」**が破られた**と自ら言っているぐらいですから、二人の著作を知っていたことは間違いありません。ただ、ロックの何を読んでいたのかという点になると、はっきりしたことはわかってないんです。ヒュームに関しては、主に読んだのは『人間知性研究』だろうと言われています。なお、研究者の中には『人性論』も読んだはずだと主張する人もいます。

「独断のまどろみ」とは何か

――カントの入門書では、ヒュームによって「独断論的なまどろみ」が破られたという話はよく出てきます。具体的にはどういうことなんでしょうか。

御子柴　ここでまた哲学史的な問題が生じるんです。ヒュームは「原因と結果という観念は、人間の心の習慣に由来する主観的なものにすぎない」という議論を展開した経験論の哲学者です。この議論によってカントは、「独断論的なまどろみ」が破られた。ここで言う独断論的なまどろみとは、理性によって何を知ることができ、何を知ることができないかという批判的な吟味を怠《おこた》って、たとえば原因と結果の必然的な結びつきを自明視していることを言います。

ここまではいいでしょう。しかしその先が問題です。私が学生の頃は、次のように習いました。カントは「ヒュームの議論だと自然科学が根拠づけられなくなるから困る」と思い、ア・プリオリな（つまり、経験に依存しない）原因性の概念を確保したんだ、と。

――えっ、違うんですか。ヒュームの経験論だと「確からしい」にとどまる知識しか得られず、それでは自然科学の客観性が担保されないから、カントは自然科学を基礎づけようとしたという説明をよく見かけるんですが。

御子柴　もちろん全面的に違うわけではありません。しかし、真面目に読むと違うんですよ。カントはそんな文脈でヒュームのことを批判してなんかいません。むしろ経験できる世界についてはヒュームの説でもある程度は「いける」と思っているようです。自然科学では、仮説を立てて実験・観察をして実証する。新たに反証例が見つかれば、認識された世界をどんどん組み替えていくことができるわけです。

しかし、経験できない世界の事柄については、反証が見つかることもないし、世界が組み替わることもない。カントは、習慣や経験に還元されない、普遍性と必然性の哲学を実現し、それによって新しい形而上学を構想しようとしていました。だから、すべては経験に依存するんだというヒュームの説では困る。これを認めてしまうと、ア・プリオリなものがあるということじたいが否定されてしまうからです。カントは次のように述べています。

> 彼〔ヒューム〕は、ア・プリオリにそして概念に基づいてそのような結合〔原因と結果との結合〕を考えることは、理性にとってまったく不可能であることを、反論の余地なく証明した。
>
> ――『プロレゴーメナ』全集第四巻二五七頁、御子柴善之訳

ここでカントは「反論の余地なく証明した」と書いていますが、彼がヒュームの主張に賛成するわけではありません。この点は注意が必要です。しかし、ア・プリオリな概念や理性が否定されたら、経験に依存しない概念によって遂行される形而上学は成り立ちません。それこそがカントがヒュームから受け取った衝撃でした。つまり、カントにとってのヒューム問題とは、自然科学の根拠づけ問題ではなく、むしろ**形而上学が成立するかどうかという問題**だったのです。ヒュームのやり方では形而上学を構想する可能性がなくなるとカントは考えたのです。この点は、『実践理性批判』の序文で明確に表現されています。哲学史上のカントを考えるならば、この点は強調しておきたいと思います。

ちなみに、カントは一七九〇年の『判断力批判』で、人間の認識能力を見極める「批判哲学」の仕事を終え、今後は理説《りせつ》的な仕事を行うと宣言します。「理説的な仕事」とは、理性という能力の批判ではなく、**ア・プリオリな原理に基づいた、体系的な哲学的思考を展開すること**です。それが、一七九七年に『道徳形而上学』として結実する形而上学だったのです。なお、カントはすでに一七八六年に『自然科学の形而上学的原理』という著作も発表しています。そこに含まれる「形而上学」という文字に注目してください。

特権意識からの解放
――ヒュームと並んでカントが大きな影響を受けた哲学者にルソーがいます。ルソーは具体的にどのような影響をカントに与えたのでしょうか。

御子柴　よく知られているのは『エミール』の読書体験ですよね。三〇代のカントはこの本を夢中になって読みました。その時期に、ルソー（一七一二―七八）からの直接的な影響を物語る文章を、カントは『美と崇高の感情に関する考察』という著作の手沢本《しゅたく》（著者自らが書き込みをした本）に書き付けています。その一節を引いておきましょう。

ルソーが私を正してくれた。この眩惑《げんわく》的な特権は消滅し、私は人間を尊敬することを学ぶ。そして、もし私が、このような考察は他のすべての人々に人間性の権利を回復するという価値を与えうるということを信じないならば、私は普通の労働者よりもはるかに役にたたぬ者であろう。

――全集第二〇巻四四頁、尾渡達雄訳

この文章の前でカントは、学者である自分はかつて、何も知らない大衆を軽蔑し、彼らに対して優越感を持っていたと告白しているんですね。それが「眩惑的な特権」ということです。自分の学問的能力を誇っていたカントは、ルソーの著作を読むことで、学者にありがちな特権意識から解放された。同時に、誰もが人間であることがそれじたいとして尊いと学んだのです。さらにはこうも言います。「**哲学する**」**ことが人間の尊厳や人間性の権利の保障につながらないのだったら、哲学は何の足しにもならないのだ、と。**

――感動的な一節ですね。これはのちほど詳しくお聞きしようと思っている『実践理性批判』につながっていくように聞こえます。

御子柴　たしかに『実践理性批判』に代表される、カントの倫理思想との関係が強いというのはその通りです。研究者のなかには、『純粋理性批判』にもルソーからの強い影響が読み取れると主張する人がいます。

『純粋理性批判』という本は、認識論や形而上学批判を緻密《ちみつ》に議論しているように見えます。しかし、カントは時折「自分には夢があって、いつかほんとうに人間の権利がそれとして認められている平等な社会を構想してみたいんだ」といったことを同書のなかにポロッと書くことがあります。こういう思想はどこから来ているのかと考えると、やはり先ほどの有名な文言に立ち返らざるをえないわけです。その意味では、ルソーから受けた影響は、カントのなかではずっと生きていたと言えると思います。

さらに言えば、カントの倫理思想の中心に位置づく概念に「道徳性」がありますが、人間社会が文明化しても、それがただちに道徳化をもたらすわけではない、という洞察にも、ルソーからの影響を認めることができます。

「理性を批判する」とはどういうことか

「超越論的」をどう理解するか

――いよいよ『純粋理性批判』(第一版：一七八一、第二版：一七八七)に入っていきますが、この本に登場するさまざまな概念のなかでも、「超越論的」という用語に躓《つまず》く人は多い気がします。なにせ目次の段階でも、「超越論的感性論」「超越論的分析論」「超越論的弁証論」「超越論的方法論」と、「超越論的」のオンパレードです。この概念はどのように理解すればいいでしょうか。

御子柴　「超越論的」は、ドイツ語の transzendental (トランスツェンデンタール)の訳語ですよね。言葉そのものは、カントがつくったわけではなく、以前からあるものです。ただ、カント流の固有の意味をつかまえるところで、少なからぬ人が混乱してしまうんですね。まず、カント自身の説明を見てみましょう。『純粋理性批判』第二版の緒論で書かれている有名な一節です。

私が超越論的と呼ぶのは、対象にではなく、対象についての私たちの認識の仕方に、しかもそれがア・プリオリに可能なはずである限りでの認識の仕方に一般的に関与するすべての認識である。そのような概念の体系が超越論哲学と呼ばれるであろう。

——『純粋理性批判』第二版、全集第三巻二五頁、御子柴善之訳

「超越論的」と訳すからには、何かの領域を超えるわけです。では何を超えるのか。それは経験の領域です。経験の領域を跨《また》ぎ越す。たとえば、私たちが机やペットボトルを見たり触ったりしている。これが経験的認識の世界ですね。それを跨ぎ越すとは、そういう経験そのものがどのようにして可能なのかという可能性の水準で議論することを言います。それによって、**ア・プリオリな**（**つまり、経験に依存しない**）**認識がどのようにして可能か**

を認識することが、この引用で説明されている「超越論的」の意味です。

しかし「超越論的」にはもう一つ別の水準の使われ方があるんです。超越論的な議論は、経験の可能性を論じるものですから、事実的な経験内容に縛られません。そうすると、経験不可能なことも視野に入れて考える可能性が開けてきます。

たとえば『純粋理性批判』には、「超越論的仮象」や「超越論的理念」という言葉が出てきます。ここで言う「超越論的」とは、経験に限定して用いなければならない概念や原則を、不注意にも誤って、可能な経験の範囲外で使用することを言います。つまりこの水準では、**理性による思考が経験可能な世界を跨ぎ越して、経験不可能な世界に入ってしまっている**わけです。

――こういう理解でいいでしょうか。最初の経験の世界を超えて、可能性の領域に入るというのは、たとえば、コペルニクス的転回で使われる「超越論的」ですよね。感性の直観形式を論じる「超越論的感性論」や、悟性にもとづく概念や原則を論じている「超越論的分析論」は、人間の経験的認識がどうすれば普遍的でありうるのかという問題に取り組んでいます。だから経験の領域を超えているわけですよね。

一方で、もう一つの水準の「超越論的」は、たとえば人間の理性は、どうあがいても

経験的（内在的）と超越論的、超越的

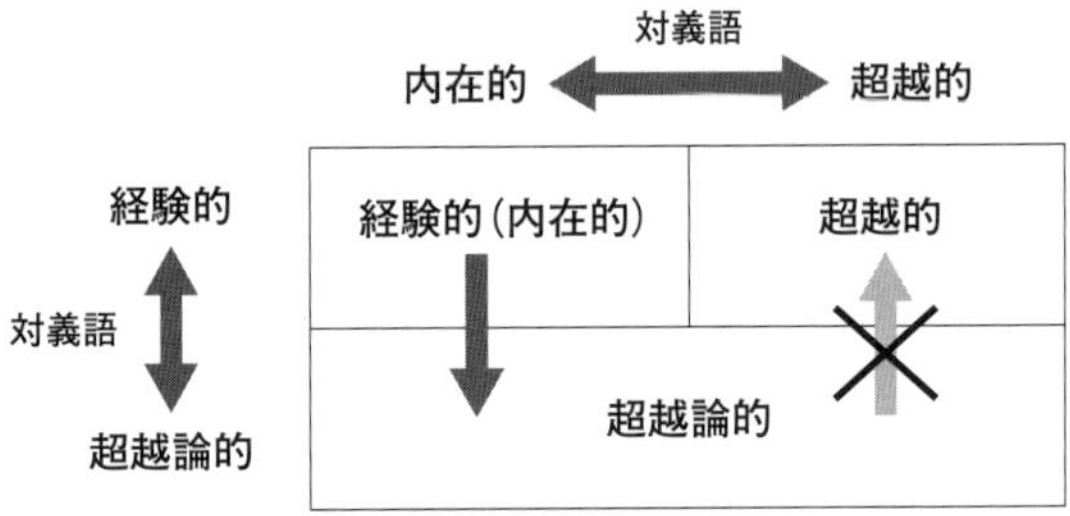

認識できない神の存在や宇宙の始まりにまで、不注意にも突き進んでしまう。こちらが「超越論的仮象」や「超越論的理念」ですね。

もう一つうかがいたいのは、「超越論的」と「超越的」の違いです。カント自身も、両者は同じではないと注意を促しています。

御子柴　それを整理した図をお見せしましょう（上の図）。経験の世界を跨ぎ越して、経験の可能性を考えることが「超越論的」ですから、経験的の対義語が超越論的です。他方で、「超越的」は「内在的」の対義語でしょう。イメージとしては、外と内の違いと捉えればいいでしょう。そうすると、「超越論的」には、可能性の内と外を跨ぐという使い方もあることになりますね。そういった超越論的な水準で考えた経験不可能な事象——神や宇宙の始まりなど——を、経験的な事実と同様に独断論的に語ってしまうことが「超越的」ということです。こうしてみると、「超越論的」とは異なり、**「超越的」はもっぱらネガティブな形容詞である**ことがわかります。この区別を明らかにしたのもカントの批判哲学の成果ですから、この二つの用語の混同はなんとしても避けねばなりません。

――なるほど。「超越的」のほうは、超越論的な仮象や理念を、独断的に事実だと認めてしまっているわけですね。非常にわかりやすい図です。

理性・悟性・感性の役割

――続けて、「理性」「感性」「悟性」という概念も厄介なので、ここで整理させてください。

御子柴　まず面食らうのが「悟性」ですよね。ふだんの日本語では使わないし、「悟る」なんて仏教でよく見る漢字が入っているから、崇高な概念なんじゃないかと誤解する人がいるんです(笑)。でも、全然違います。悟性は単に「**理解する能力**」という意味で、英語で言えば「アンダースタンディング(understanding)」です。仏教の悟りとはまったく関係ないことは、ぜひ強調しておきたいと思います。

――本によっては「知性」と訳しているケースも見かけます。

御子柴　私は、知性と訳すことには否定的です。もともと、知性と訳すのはまずいから、悟性という見慣れない訳語が生まれたんですよ。なぜ知性ではまずいのかというと、概念の歴史からすると、知性はたいへん立派な能力なんですね。ギリシア哲学の「ヌース（叡《えい》智《ち》）」に由来していて、イデアのような、**物事の本質を一気につかむのが知性**です。

でも人間には、そんな能力はないというのがカントの洞察です。人間がものを考えるとき、あくまで概念を使って理屈で考えていくしかない。この、概念的に理解する、概念を使うことでようやくわかるという悟性は、知性とくらべてはるかに能力として限定されたものです。知性という訳は、そういう概念の歴史を忘れさせてしまうんですね。

――悟性と理性の違いも迷子になるところじゃないでしょうか。

御子柴　そうですね。それには理由があって、「広義の理性」のなかに悟性を置くパターンと、「広義の悟性」のなかに理性を置くパターンという両方の書き方を、他ならぬカント自身がしているからです。

もっとも広い意味で、「考える能力」を理性と書く場合もあれば、悟性と書く場合もある。しかし、それは文脈で判断できます。ちなみに、先ほどカントを評して理性主義と言ったときは、理性と悟性のどちらも含んだ意味で使っています。なお、いずれの場合も、「感性」の対義語として使用されています。

一方、二つをそれぞれ狭義で使う場合は、**理性は推理・推論する能力**であり、**悟性は概念にもとづいて判断し理解する能力**のことです。

この狭義の区分は、アリストテレス以来の形式論理学に由来しているんですね。論理学は、概念論・判断論・推理論から成立しています。このなかの概念と判断を司《つかさど》るのが悟性で、推理を司るのが理性ということになります。

――おかしな質問かもしれませんが、カントは理性の能力をどのように評価していたんでしょうか。たとえば悟性に比べると、信用ならないとか。

御子柴　『純粋理性批判』のなかでは、やっぱり悟性のほうが優位ですよね。なぜかというと、いま指摘されたように、理性は暴走して私たちをときどき惑わす、困った能力として現れますから。実際『純粋理性批判』では、悟性を分析する「超越論的分析論」は「**真理の論理学**」と位置づけられ、理性の欺瞞《ぎまん》や自己矛盾を分析する「超越論的弁証論」は「**仮象の論理学**」と呼ばれるわけです。ここで、「仮象」が「真理」の対義語になっていることに注目してください。

——残りの「感性」も、日常的な意味で捉えると誤解しかねない言葉だと思うんです。「感性が大事だ」とか言う場合の意味とは違いますよね。

御子柴　カントの言う感性は、もっぱら**受け身で感じる働き**のことです。アイスクリームを食べれば「冷たい」と感じますよね。この「冷たい」という感覚は、能動的に生まれるようなものではありません。もっぱら受け身で感じるものです。色や音、匂いなどもそうですね。

その意味では日常的な用法と大きく離れているわけではありません。カントの特色は、このような感性の受け身のあり方を一つの能力として位置づけ、それと、理性・悟性という自ら考えるあり方との違いを絶対視し、両者の間に明確な一線を引く点にあります。哲学史上で重要なのは、カントが**空間と時間をこうした感性のア・プリオリな形式として位置づけたこと**です。ここには、たとえばニュートンの絶対空間・絶対時間との相違が表れています。

統覚——まとめ上げる能力

——理性、悟性、感性だけでも消化不良を起こしそうですが、カントの認識論では、さらに統覚という概念も出てきます。

御子柴　統覚も耳慣れない言葉ですね。まず、統覚に対比される言葉が知覚であることに目を向けましょう。知覚（Perzeption）という言葉は奇異ではないでしょう。これは私たちの受容性にもとづきます。他方、統覚（Apperzeption）は、自発性にもとづいて、**さまざまな知覚内容を一つにまとめ上げる能力**のことです。カントはこの能力を、感官、構想力と並んで、私たちの主観的な認識源泉の一つとして挙げています。一言付け加えるなら、どうして、感性や悟性とは別に、こうした主観的認識源泉が語られることが必要なのでしょうか。それは、カントが、人間には悟性という考える能力があることをたんに前提するのではなく、**人間はどのようにして考えることが可能なのか**、という問いをも立てるからです。これは言い換えれば、悟性はどのようにして可能か、という問いです。カント認識論の核となる一文を引用します。

〈私は考える〉が、私の一切の表象に伴うことができるのでなければならない。というのは、さもなければ、なにかまったく考えられ得ないようなものが、私の中に表象されることになってしまうだろうからである。

──『純粋理性批判』第二版、全集第三巻一三一―一三二頁、御子柴善之訳

私たちはさまざまな事物を表象します。「**表象**」という言葉は、よく使われるにもかかわらず、いやよく使われるがゆえに、わかりづらい言葉ですね。しかし、私たちの認識主観に表れるものはすべて表象です。その表象されるものが眼前にあろうがなかろうが、それが個別的なものであろうと一般的なものであろうと、すべて表象です。しかし、考えることができないものは表象できません。逆に言えば、私のさまざまな表象は、考えることができるものとして、表象されています。ですから「私の一切の表象」に、〈私は考える〉が伴うことができなければならないわけです。

この〈私は考える〉という自発的な働きを、カントは「**純粋統覚**」あるいは「**根源的統覚**」と呼んでいます。この純粋統覚があってはじめて、さまざまな知覚や表象が一つにまとめ上げられる。その意味で純粋統覚は、さまざまな経験（つまり、経験的認識）をそれとしてまとめ上げる働きを持っているわけです。なお、統覚には、統一の働きとして、認識する主観そのものに統一をもたらすという側面もあります。その点で、統覚こそが自己意識だと言うことができます。

アンチノミーと定言命法

アンチノミーとは何か

――『純粋理性批判』に登場する基本的な概念を整理していただいたので、内容的な質問に入ります。素朴な疑問なんですが、カントはなぜ、理性の暴走にブレーキをかけることにこだわったんでしょうか。

御子柴　表層的には「理性が自己矛盾することに気づいたから」が答えになります。カントは、晩年に友人クリスティアン・ガルヴェに宛てた手紙で、『純粋理性批判』を回顧しながらこんなことを書いています。

神の現存在、不死などの探究が、私の出発点だったわけではありません。そうではなく、純粋理性のアンチノミーが出発点だったのです。「世界には始まりがある――世界には始まりがないなどから、第四アンチノミー、すなわち人間には自由がある――

これに対して、自由はない、人間における一切は自然必然性である、まで」。このアンチノミーこそが、私を独断論的なまどろみからはじめて目覚めさせ、理性が見かけ上理性自身と矛盾するというスキャンダルを取り除くべく、理性そのものの批判へと駆り立てたのです。

——全集第一二巻二五七—二五八頁、御子柴善之訳

ここにも先ほど話した「独断論的なまどろみ」という言葉が登場してますね。カントにとって、理性が自己矛盾を犯すというのは「スキャンダル」でした。だからそれを取り除くために、理性そのものを批判しなければならなくなったわけです。なお、この引用文中の「第四アンチノミー」は、正確には「第三アンチノミー」です。カント自身の書き間違いですね。

ここで**アンチノミー**（**二律背反**）について説明しておきましょう。それは、純粋理性が自らの原則に従って考えを展開していくことで、**互いに矛盾する命題を両方とも正当化できてしまうという事態**のことです。カントはここで帰謬《きびゅう》法を用います。たとえば時間について、世界が時間的に無限であると前提すると、これまで経過してきた時間の末端にある「今」が無限の終わりを意味することになり、無限という前提が成り立たなくなるから、世

界は限界を持つ、始まりを持つということになります。一方、世界が時間的な始まりを持つと前提すると、始まる以前の「時間とは言えない時間」のなかには、世界を生じさせる原因があると想定できません。だから、世界が始まりを持つことはないということになります。このような思考を展開して、カントは四つのアンチノミーを提示して理性の矛盾を暴露します。

さて、これが理性にブレーキを掛ける理由の表層的な答えですが、カント個人から離れて考察するのであれば、近代という時代そのものに根ざす理由がありそうです。

古代や中世では、正当な判断の最終的な根拠は、前例や聖書でした。伝統的にこうなっていたからとか、聖書にこう書いてあるからという発想だったわけです。ところが近代の人間は、自分たちが過去から断絶しているという意識から再出発している。デカルトに代表されるように、「私は考える」から思考を始めるのが近代人です。では、自分がやっていることの正当性はどのように担保されるのか？　そこに理性が登場するのです。「自分の正当性は、誰もが持っている理性で担保する」というわけです。

しかしそのためには、その理性がほんとうに頼りになるものなのか、と真面目に問わなければなりません。近代の持っている、そういう**自己反省的な（再帰的な）構造**が、カントの意識のなかにもあったのではないでしょうか。

――近代的思考の体現として、カントの理性批判を捉えるわけですね。とても興味深い指摘だと思います。それにしても、驚くべき発想じゃないでしょうか。理性の自己矛盾を示すことで、理性にブレーキを掛ける。破格の発想ですよね。

御子柴　もうお亡くなりになりましたけど、石川文康さんというカント研究者も、その点を非常に強調していました。「**理性のスキャンダル**」に気づいたことが批判哲学のポイントなのだと。もちろん私も、その意見に異論はありません。ただし、カントには、理性という能力を全面的に否定したり、その重要性を疑ったりするつもりがなかったことも付け加えねばなりません。彼はそのことを一七八六年に発表した論文の末尾で明言しています。

――たとえばヒュームだと、感情を理性よりも優位に置くような議論をするじゃないですか。それは理性批判ではないんでしょうか。

御子柴　ヒュームの場合、理性に何ができて何ができないかという議論じゃなくて、理性とは別のものを原理として優位に置くという話ですよね。

――そうか！　たしかにそうですね。

御子柴　「批判」という言葉は、けなすとか貶《おとし》めるという意味ではありません。「批判（ドイツ語でクリティーク、Kritik)」は、ギリシア語で「分ける」という意味を持つクリノーという言葉に由来します。ですから「**理性を批判する**」**とは、人間の理性は何を知ることができ、何を知ることができないかを分け、人間の知の限界を確定するということ**なんですね。

ここでカントによる「批判」の重要な成果に言及しておきましょう。それは、「**現象**」**と**「**物自体**」**とを明確に分けた**ということです。これこそがカント批判哲学を特徴づける主張です。私たちが理論的に認識できるのは「現象」だけで、「物自体」はけっして認識できません。私たちは感性と悟性という能力によって認識を行いますが、こうした能力のア・プリオリな形式に従って構成された対象が「現象」です。認識対象がこのように認識能力によって構成されるという見方は、コペルニクス的転回に基づいています。

他方、「物自体」とは、他のいかなるものとも関係なく、もちろん私たちの認識能力とも関係なく、それ自体に即して考えられた物です。**私たちは**「**物自体**」**を考えることはできるのですが、だからといってそれが認識できるわけではありません**。カントは、「現象」の領域に理論的認識の可能性を限定することで、その領域を超えて思弁を弄する独断論的形而上学の可能性を否定したのです。

カントは道徳感情をどう考えたか

――ここから『実践理性批判』(一七八八)のほうに話を移していきたいと思います。先のヒュームもそうだし、アダム・スミスの『道徳感情論』(一七五九)が典型ですが、カントの同時代では、道徳と感情を結びつける議論が盛り上がっていました。カント自身は、そういう時代の空気を感じていたんでしょうか。

御子柴　もちろんです。かなり早くから知っていました。すでに一七六〇年代の講義公告で、スコットランドの道徳哲学者であるフランシス・ハチスン(一六九四―一七四六)などの名前を挙げながら、道徳感情に関わるような議論が進んでいると書いているんですね。

もう少し詳しく言うと、道徳的な事柄には「**判定**」と「**執行**」という二つの原理があります。たとえば「環境問題に対応すべきである」は「判定」であり、実際に環境問題に対応した行動をすることが「執行」です。両者が別問題であることはわかりますよね。理解はするけどやろうとは思わない人は、いまだって大勢いるわけです。

以上をふまえて言えば、カントは、判定原理については、ひとが道徳的な事柄を感情で判定しているとは考えなかったでしょう。しかし、執行原理については、感情的な要素が重要だという認識が、一七六〇年代のカントにはあったと思います。
しかし、最終的には、一七八〇年代に『道徳形而上学の基礎づけ』や『実践理性批判』を書く段階では、道徳感情のようなものを外側から持ち込まなくても、道徳法則が私たちの執行原理になる、という議論を展開していきます。つまり、『道徳感情論』のような議論を、意識はしているけれど採用はしなかったんですね。

——やっぱりそれは、道徳感情だと道徳の普遍性を作ることができないからでしょうか。

御子柴　そうです。感情は主観的な経験ですから、普遍性を主張できないものですよね。たしかに共感力の強い人であれば「困った人をどんどん助けよう」と思うだろうけれど、共感力が弱い人はそうならない。だから感情を原理にする限り、道徳は普遍的な根拠を持つものになりません。カントは「道徳感情という言葉であえて指すものがあるとしたら、それは**道徳法則への尊敬**だ」みたいなことを言うわけです。
これはなかなかわかりづらい表現ですね。多くの人は「道徳法則を尊敬した覚えなんかあったっけ」と思うはずです（笑）。ただ、ここで言う「尊敬する」を意味するドイツ語achtenには、「注意する」「注目する」という意味もあるんです。すると「道徳法則を尊敬」するとは、私たちは事柄が道徳にかかわる限り、道徳法則に意識を向け、それを尊重しているということです。あえて言うなら、それがカントの言う感情にあたると思います。

定言命法はなぜ唯一なのか

――いまお話しくださった「道徳法則」は、カントの定言命法として知られています。ただ、定言命法にはいくつかバリエーションがありますよね。では、複数ある定言命法は、相互にどういう関係にあるんでしょうか。

御子柴　カントに言わせると、バリエーションはいろいろ出しているけれど（左の表）、結局、唯一の定言命法から導かれるんだということになります。その唯一の定言命法が、「君がその格率によって、同時に、その格率がひとつの普遍的法則となることを意志できるような、そのような格率だけに従って行為せよ」というものです。この定言命法に含まれる「格率」についてだけ付言します。これは**各人が持っている、あるいは持つことのできる行為原理**のことです。カントはこれを行為や意志作用の「主観的原則」と表現しています。主観的だからといって、これを軽んじてはなりません。「**格率」こそがカント倫理学の中心概念**だからです。

――もう一つ、よく知られた定言命法は、「君は、君の人格の中にも他のどんな人の人格

『道徳形而上学の基礎づけ』で提示された定言命法たち

（頁数は人文書院版、御子柴善之訳）

唯一の定言命法	君がその格率によって、同時に、その格率がひとつの普遍的法則となることを意志できるような、そのような格率だけに従って行為せよ。（第二章、87頁）
自然法則の定式	あたかも君の行為の格率が君の意志によって普遍的自然法則になるべきであるかのような、そのような行為をせよ。（第二章、88頁）
人間性の定式	君は、君の人格の中にも他のどんな人の人格の中にもある人間性を、いつでも同時に目的として扱い、けっしてたんに手段として扱わないような、そのような行為をせよ。（第二章、104頁）
諸目的の国の定式	ひとつのたんに可能な〈諸目的の国〉に向けて普遍的に立法的な成員が持つ諸格率に従って行為せよ。（第二章、124頁）

の中にもある人間性を、いつでも同時に目的として扱い、けっしてたんに手段として扱わないような、そのような行為をせよ」というものです。まったく違いませんか？

御子柴　まったく違うように見えますよね。

ところが同じなんです。そして、同じであるということをわれわれが十分に理解できるようになったのは比較的最近のことです。二〇一一年に、オリヴァー・ゼンセンという研究者がドイツの出版社から出した研究書で、いま言った二つの定言命法の関係を見事に論証しているんですね。

私なりに噛《か》み砕いて説明するとこうなります。**自分の意志で決めた行為原理（格率）が普遍性を持てるかどうかを常に自ら問い、普遍性を持てるのならそれを行うべきだし、持てないなら行うべきではない**。これが、カント自身が「唯一」だという定言命法です。

この定言命法のポイントは、その格率が理性的な存在なら誰にでも当てはまるべきだということです。だから、人間に限らない（笑）。理性があるならどんな存在であれ、普遍性を尊重して行動するはずだし、そうせよ、と言っているんです。

そしてこれを人間の世界に適用したものが、斎藤さんが挙げた定言命法になります。定言命法の中に「人間性」という概念が表れていることに注目してください。では、人間の世界で普遍性を尊重するとどうなるか？　それは**平等を実現するということ**です。

では、平等を実現するとはどういうことか。逆に、平等が実現していないケースを考えてみましょう。そこでは、誰かある人が別の誰かのたんなる手段と化しています。もちろん、人間は互いを手段として役立て合う面を持ちますが、それはたんなる道具として扱うこととは違います。なお、最近はカント研究者の間で、「たんなる手段」のことを「道具」と表現することが多くなっています。その点で、この定言命法を「道具化禁止命令」と表現することもあります。

人間は誰しも、自分を目的にして生きています。自分が生き延びることや、自分自身を実現することを目的として、そのために活動しています。これは事実です。その点で、カントは人間（人格）のことを「目的それ自体」と表現しています。ですから、平等を尊重するとは、自分自身を目的にして生きている他者を、自分と同様に尊重するということになります。逆に、他者を手段や道具としてだけ扱うとしたら、それは他者の目的を無視するという不平等を生み出します。**普段は互いに手段とし合っているけれど、同時に、目的それ自体としてお互いを認め合って生きていくべきである**——これが人間社会における普遍性なんです。

「君の人格の中にも他のどんな人の人格の中にもある」と言われている「人間性」は、自らの生存とそれぞれの目的を内包しています。その人間性を、同時に、つまり互いに尊重し、「目的として扱い、けっしてたんに手段として扱わない」ような行為をするように、カントが取り出した命法は求めているのです。

普遍性を問うとは、いつでも、誰にでも当てはまるかどうかを問うことです。常に誰もが自分自身を目的に生きていることを前提に考えるなら、相手の生の目的を無視することは平等ではなく、普遍性を持たない。そのように扱ってはならないとなるわけです。

——見事な説明で、スッキリしました。こういう説明が出たのが二〇一一年なんですね。最近のことなので、びっくりしました。

御子柴　ゼンセンさんの本が出るまでは、その関連はあまりはっきり語られてきませんでした。かつてのある種の研究者は、二つ目の「人間性をみな目的として扱わないといけない」というのがカントの本音で、それを論証する根拠として後付けのようにして作ったのが、「唯一」とされている定言命法なんだとさえ考えていたのです。

カント倫理学についてもうひと言付け加えます。それは、彼が普遍性を尊重するよう求めることとは、けっして万人が同じような生き方をするように求めることではない、ということです。**各人は、自分の目的を持って自分の人生を生きるべきなのです**。そして、その中心に位置づく概念が格率なのです。この格率についてカントが問うたのが、普遍性を持てるかどうかであり、持つかどうかではないことに注目してください。

——格率が自分の意志と道徳法則を結びつける。だからとても大事な概念なのですね。

『純粋理性批判』と『実践理性批判』のつながり

「自由意志なんてない」のか?

――認識をテーマとする『純粋理性批判』と、倫理や道徳をテーマとする『実践理性批判』とはどのようにつながっているのでしょうか。

御子柴 そのつながりを見るときに、重要になるのが「**自由」という概念**です。『純粋理性批判』では、現象の世界と物自体の世界とを分けました。現象の世界はすべて自然法則の支配下にあります。ですから、現象の世界に自由は一切ありません。たとえば私が、ペットボトルを持ち上げるためには、神経や筋肉が連動する必要がある。これはすべて自然法則に則《のっと》った動きであるわけです。ここには不思議なことは何もありません。自然法則の必然に従っているだけで、自由などない。

けれども、私が「持ち上げよう」と思って持ち上げるという事態が起きているときに、私は、ペットボトルが持ち上がるという自然現象の原因になっています。この原因を可能にする自由が私にはありますよね。

――はい。持ち上げないことだってできるわけですからね。

御子柴　この自由を、カントは、現象界ではないところに置こうとします。つまり、「ペットボトルを持ち上げよう」という**私の意志は現象の支配下にない**ということです。

そんなバカなと思われるかもしれませんね。現代でも同じ議論は繰り返されています。脳科学者が、人間が何かを決意したと自覚するより前に、身体的な反応は始まっているという話をしますね。意志が決定される前に、すでに物質的なものによって決定づけられているんだ、だから自由意志なんてないんだと。

現象の世界について言うなら、そのとおりです。「現象の世界、すなわち自然科学の世界では、絶対に自由はない」と、カントは言っているわけです。自然科学の対象を、認識する人間と無関係に存立する実体的なものとして、したがって物自体として、捉えるならば、自由なんてありえない。それでも、人間には自由があるとカントは考える。問題は、それをどう根拠づけるかです。そこで、そもそも自然科学の世界は、現象の世界という一つの世界像にすぎない、人間の自由はそもそもそんなところに根拠を持たないと考えるところに、カント哲学の独創性があるんです。

純粋理性を実践的に使う

――「一つの世界像にすぎない」のは「認識に対象が従う」からですね。

御子柴　そうです。そうやって私たちの認識が構成している世界が自然現象の世界です。脳科学や物理学は、カントの所説からすれば、自然を物自体としてではなく現象として観察し、把握して、世界を構成しているのです。見方を変えて言えば、自然現象の世界は私たちのそうした理論的な態度から構成されているにすぎないとも言えます。

だから、私たちには、理論的な態度ではないかたちで世界を組み替えることができるわけです。たとえば、目の前にあるペットボトルをいま右に動かせば、世界は組み替わる。私たちの実践的な態度が、このように世界と関わり世界を変えることを可能にしています。『純粋理性批判』は、**自然現象の領域を限定し、自然科学の限界を確定することで、かえって自由を可能なものとして「救出」した**わけです。

ただ、自由には別の語り方もありますね。一つは、自然科学にもとづく理論的な事柄は無視する。こちらは、理論と実践は関係ないものとして扱います。現代だってそうですよね。脳科学者が何を言ったって、私たちは自由意志を前提に誰かの責任を問います。理論のことなんて放っておけばいいという態度、それはそれで自由の一つの語り方です。

それでもカントは、実践的自由を根拠づけたかった。そこで**超越論的自由**という問題に向かいます。ここでバトンは『純粋理性批判』から『実践理性批判』に渡されるんですね。超越論的自由とは、一切の先行する原因を持たない絶対的な始まりのことですが、こうした自由は、ではどうすれば確保できるでしょうか。

それは純粋理性を実践的に使うことです。純粋理性とは、とことん推理や推論を進める、原理の能力のことでしたね。これを実践的に使うとは、どういうことでしょうか。

『自分で考える勇気』という本で、私はこんな例を出しました。「試験になったら、カンニングをして済ませよう」という格率を持っている人は、試験当日に「これから試験だ。カンニングで切り抜けよう」と考えます。この推論は、それだけを取り出すなら間違っていません。しかしこの推論が理性的なら、推論を行っている人自身の意識もまた理性的であるはずです。

すると、この人がそのまま徹底して理性的に考えていけば、カンニングの格率には普遍性がないことに気がつくはずです。誰もがカンニングをするつもりでいる試験には、試験としての正当性がないし、そこではそもそもカンニングすることに意味がないからです。つまり、格率から行為を引き出す能力である理性が、格率そのものを反省させ、それが普遍性を持たないこと、それゆえ道徳法則に反していることを意識させるわけです。

このように**純粋理性を実践的に使用していくことで、道徳法則を意識することは**「純粋理性の事実」なのだとカントは主張します。

この「事実」を可能にする条件が「自由」です。カントは**自由なくして道徳的な善悪もない**と考えています。このように、道徳法則が意識できるということは、自分で理性的な格率を採用してそれに従う自由が存在することを示しています。先の例を用いるなら、カンニングしようという格率には普遍性がないから、その格率を採用しないという自由、カンニングすることなしに試験を受けようと意志する自由があることが明らかになるのです。こうしてカントの『実践理性批判』は、純粋理性を実践的に使うことから、**超越論的自由の実在性**を導き出したのです。

形式主義の真骨頂
——倫理学の教科書では、カントの議論は「義務論」として紹介されます。

御子柴　「義務論」という括り方は、カントの思想のある性格を指していると思いますが、率直に言って誤解にまみれています(笑)。だって、誰かに「義務って何ですか」と尋ねれば、法律を守らなきゃいけないことだとか、そういう答えにしかならないでしょう。つまり、他人から押し付けられたルールや規範を守らざるをえないことを義務と考えてしまうのではないでしょうか。

カントはそんなふうには考えていません。カントに言わせれば、**義務が成立するのは、自分で自分を拘束するときだけ**です。買い物をしてお金を払わないと捕まる、だからお金を払わなきゃいけないというのは義務じゃない。たんに身過ぎ世過ぎの話をしているだけです。「これは払うべきなんだ」と自分で考え、そうすることが義務なんです。この構造を忘れちゃいけない。もちろん、道徳法則の自己立法とこの自己拘束を組み合わせて、法的な義務を考えることはできます。しかし、他人によって強制できる法的義務もまた、こうした自己拘束なしに義務としては成立しないのです。

笑い話に聞こえるかもしれませんが、アメリカの倫理学の教科書なんか読んでいると、義務論者っておバカな人のことなんだ、というイメージが浮かんできます（笑）。たとえば医療関係者が読む生命倫理の本で、倫理学には「義務論」「功利主義」「徳倫理学」という区分がありますという紹介の後、義務論とは「ルールだから守れ」という思想ですと説明されるんですよ。これでは義務論者とは「何も考えてない人」のことだということになってしまいます。

——堕落した義務論の姿ですね（笑）。

御子柴　そう。「嘘はつくべきじゃないから、つくべきじゃないんです」で説得されるんだったら誰も苦労しないでしょう。問題は、虚言の禁止にどのような根拠があるかのはずです。そこを問い抜いたのはカントの思想なのです。

——定言命法に象徴されるカントの道徳哲学に対して、形式主義だという批判がありますが、この点についてはどのようにお考えですか。

御子柴　「あなた、形式主義者ですよね」と尋ねたら、きっとカントは「そのとおり！」と答えるでしょう。**形式を重視することなく普遍性や必然性を主張できる倫理学は成り立ちえない**と考えているからです。なお、この点については、二〇世紀の現象学的倫理学者であるマックス・シェーラー（一八七四―一九二八）が批判しています。

まず、カントの倫理学には**三つの層**があるんです。第一の層は『実践理性批判』で語られる**批判のレベル**、これがもっとも抽象的です。第二が『道徳形而上学』（『人倫の形而上学』という訳もあります）という本で語られる**形而上学のレベル**です。『道徳形而上学』は晩年に書かれたもので、「法論」と「徳論」を形而上学的に基礎づけるという内容ですから、『実践理性批判』に比べれば、見たところ形式性や抽象性は低くなります。

そして第三の層にあるのが、**道徳的な人間学**です。誰かと何かするときはこうしたほうがいいですよ、というような具体的な内実を伴うレベルですね。書かれた文章は多くありませんが、カントはこの層があることを意識しています。だから実質的・内容的なことも語ってはいるんですね。

ただ、形式と実質があるとすれば、あくまでも形式のほうが規定するんです。そういう意味で「形式主義」であることはたしかです。しかし、カントが形式主義者であることを引き受けた背景には、大きな洞察があると思います。というのは、内容的な倫理学や道徳を語ってしまうと、誰かに教わったとおりに生きれば世間から良しとされるという話になってしまうからです。

倫理学はそういうものではありません。私が倫理学の授業で必ず言うことがあります。倫理学はどう生きるべきかという具体的なことは何も言いません。むしろ、あなたの主人はあなたしかいない。だから、あなたが決めるんです。でも、どう決めるかには多少知識が必要なので、そのための手助けはします、と。形式主義とはそういうことだと思うんです。

――形式主義という言葉の印象がずいぶん変わりました。形式主義というと、中身がないとか人間味がないような感じがしますけど、そうではないんですね。

御子柴　そもそも私たちは理論を生きているわけではなく、実践のなかで生きているわけです。つまり、具体的なデコボコのなかで右往左往しているわけですよね。そのなかで自分を他人に引き渡さずに、自分の意志で自分の実践のあり方を決める。その**決める根拠を理性的な形式に求めている**のですから、むしろとても開かれた思想だと私は思っています。

カントは神をどう捉えたか

――『純粋理性批判』と『実践理性批判』では、いずれも何らかのかたちで神の問題が登場します。『純粋理性批判』には、「私は、信仰に場所を得させるために、知を廃棄しなくてはならなかった」という有名な一節があります。信仰と哲学は同居できないということでしょうか。結局のところ、カントは神をどのように捉えていたのでしょう。

御子柴　難しい問題です。哲学では「理神論」とか「有神論」という言い方がありますよね。カントは人格的な神の存在を認めない理神論者ではなく、有神論者、言い換えれば人格神論者だと思います。また、神に対する信仰を捨てることもしませんでした。

それでも、理論的に考えたら行き止まりですよね。最高完全存在の現存在を論証することはできません。実際、『純粋理性批判』では、さまざまな神の現存在証明が成り立たないことを主張しています。

とはいえ、基本的な洞察として、私たちは自分が創ったわけではない世界に生きていることも確かです。私たちに先んじて、この世界は存在している。そういう世界を少しずつ理解していくための方法や道具を示したものが『純粋理性批判』です。続いてカントは、この世界を造り替えていく道筋を考えた。その能力を明らかにするのが『実践理性批判』の仕事です。それでも、この世界を創ったのは人間ではありません。道徳法則も含めて世界は存在する。その根拠として、神というものを考えていたんじゃないかと思います。

『実践理性批判』では、**道徳的に善く生きることと、幸福になることの二つが合わさって「最高善」なんだ**とカントは言ってます。でも、善く生きたからといって幸福になれるかどうかは私たちにはわからない。そういうとき、人間は、善く生きることと幸福になることを結合する存在として、この世界を創造したものに期待をかけることがある。

道徳法則に従って生きているかどうかを「見抜く者」としての神、道徳法則に従って生きている人間すなわち「幸福に値する人間」に幸福をもたらす者としての神、このような神を求めることを、カントは「**神を要請する**」と表現しています。つまり神の現存在は、理論的に証明はできないけれど、実践の世界では、なくてはならない前提として考えられるということです。

美の判定を取り扱う『判断力批判』

「第三批判」のプラスとマイナス
――『実践理性批判』の二年後に出た『判断力批判』(一七九〇)についてうかがいます。三批判書のなかで『判断力批判』はどのような位置づけを持つのでしょうか。

御子柴　まず基本的なことを言うなら、第三批判は先行する二つの批判書を架橋する位置を持っています。ただし、それを理解するには、先立つ批判書の内容から足し算と引き算をして考えないといけないんですね。足されるのは「**生命**」あるいは「**個性**」、引かれるのは「**概念**」と「**感性的直観の多様**(**感性が受け取るデータとしての感覚内容**)」です。

まず『純粋理性批判』では、誰が見てもそうなる、という普遍的な認識の形式を明らかにしました。次に『実践理性批判』では、「自律的に生きる」という個人、普遍的な理性を実践的に用いる個人が姿を現すけれど、個人の主観や個性はあまり話題になりません。『判断力批判』が『実践理性批判』から引き継いだものは、生命、生きているということです。『実践理性批判』では、生命を持った個人が行為原理（格率）を決めるわけですね。ただしここではあくまで理性的な個人にとどまります。しかし、『判断力批判』に現れる個人は個性を持っています。個性のある個人が個物を見るんです。個性のある私が一本の桜の木を見る。そこに生じる判断をカントは「**趣味判断**」と呼ぶわけです。『判断力批判』は、『純粋理性批判』に生命を足し、『実践理性批判』に個性を足したとお考えください。

次に、引き算です。まず、『純粋理性批判』では、感性的なデータを得ながら悟性を使って考えるという、私たちに普遍的な認識の仕方が示されました。趣味判断に際しても、たとえば桜の木を見るときに、これと違った見方をするわけではありません。ただ、その桜を美しいと判断する場合、見る構造が少し違ってきます。ここに登場するのが「**構想力**」という能力です。構想力は『純粋理性批判』にも、主観的な認識源泉の一つ、感性の一種として登場しています。構想力とは、簡単に言えば、そこにないものを表象できることで、さまざまな感覚を、イメージ（像）としてまとめ上げる能力のことです。

感覚はバラバラであり一つの像になっていないので、ここに美が関わる余地はありません。構想力なくして美の判断はありえない。また、普遍的な「美」の構造を見いだそうとするカントの立場からすれば、感覚は人それぞれですから、それ自体はあてにならず、それらをまとめ上げて像にする構想力こそが重視されることになります。

さらに言えば、まとまったイメージとして受け取るだけでは、美しいという判断は生まれません。判断は能動的なもので、その役割を担うのは悟性です。しかし、認識のために悟性を使って判断する場合、もれなく概念が使われます。このとき、概念を使って「あれはソメイヨシノだ」などと考えてしまったら、美しいかどうかの判定などできません。美の判定ではない別のことに関心が向いているからです。そこで、美しいという判断が生じる構造を見定めるには、悟性のなかから概念を引き算しないといけません。

ところで、概念の能力とも言われる悟性から概念を引き算してしまうと、何も残らないのではないかと思われるかもしれません。しかし、悟性は同時に判断の能力とも呼ばれます。悟性から概念を引き算したとき、この判断機能だけが残ることになりますが、概念がないことを念頭にこれを判定機能と呼ぶことができるでしょう。

そうすると残ったものは構想力と悟性の判定機能だけです。先ほど足し算した生命原理がここで利いてきます。私たちが何かを見て「美しい」と思うとき、生き生きした意識を持っている。何かを見て美しいと思うかどうかは人や状況によって違いますが、美しいと判断しているときに、そこにはある生き生きとした主観的な状態が現れていることは共通しているはずですね。

いま説明したことを、カントは「**悟性と構想力の自由な戯れ**」と表現しています。この場合、悟性から概念が抜け落ちているところがポイントです。

というのも、カントは、私たちが何らかの対象を美しいと呼ぶ場合、その対象との出会いは利害関心と無関係であること、つまり利害関心から自由であることを強調するからです。

――逆に、概念的な理解というのは利害関心にもとづくのでしょうか。

御子柴　そうです。「対象を理解しよう」という利害関心ですね。美しいという経験は、利害関心抜きで私たちが気に入っているという経験なんです。

――なるほど。だから構想力と、概念抜きの悟性とが自由に戯れないといけないんですね。概念が介在した時点で、構想力と悟性はかっちり結びついて、いわば不自由になってしまうから。

御子柴　概念抜きの悟性というのは奇妙かもしれませんが、そういうことです。カントは、先に述べたように、「判断」と「判定」を区別します。美はあくまで判定の話なんですね。美しいと判定される対象と出会うとき、私たちは「適意」あるいは「満足感」を抱きます。これは、あえて言うならば、「しっくり来る」という感じでしょうか。構想力と悟性との関係が、概念を介さずに、そうあるのが自分にとってとてもしっくり来るという状態が手に入ったとき、それを美という言葉で表現できる。

あえて主観と客観という言葉を使って言えば、概念を介して見いだされるのは客観、たとえば「ソメイヨシノだ」という認識ですが、概念を介さないままで得られるのは主観の、「しっくり来ている感じ」です。カントにとって、美は主観の側の事柄なんですね。なお、カントはこうしたことがらを「**合目的性**」という概念を用いて説明しています。

『判断力批判』の位置づけ

御子柴　ここで先ほどの問いに戻りましょう。『判断力批判』は三批判書でどう位置づけられるか。いま説明したような美と出会うのは、身体をもって現実に存在する具体的で個性を持った私です。そうした私が、利害関心から自由になる瞬間があるということは、自然現象の世界に生きつつも、いっさいの欲望から自由になる瞬間があるということです。そうだとすると、ここに自然現象の世界と、自然法則に縛られない自由とがつながる可能性が開かれます。ですから**『判断力批判』は、『純粋理性批判』と『実践理性批判』を橋渡しする位置にある**んですね。なお、このつながりをさらに理解するために、『判断力批判』の後半部で展開される目的論も重要です。

——『判断力批判』は『純粋理性批判』と『実践理性批判』とを媒介するという位置づけになるんですね。でも、美の経験が主観的なものだとすると、美については二批判書が大事にしていた普遍性を断念せざるをえなくなりませんか。

御子柴　重要な質問です。先ほど、美の経験は利害関心や欲望と無関係だという話をしました。人それぞれである感覚を除外して、すべての人が普遍的に持つ構想力と悟性だけの関係を示したのが『判断力批判』なわけですから、このような構造にもとづいている美の判定には普遍性があることになります。

——カントってすごいこと考えますね。主観的な経験であっても、利害関心や欲望とは切れているから、さまざまな人が同じように美を判定する可能性があるということですよね。

御子柴　はい。さらに言うと、美の判定は誰にでも伝えられる可能性があるということでもあります。この点も非常に大切です。私たちは美しさ以外にも、日々の生活でさまざまな主観的な判定を下して生きています。カント倫理学の第三の層、つまり実際的な場面での具体的な道徳的判定もその一つです。だとすれば、**美の伝達可能性は、道徳の伝達可能性でもある**。つまり、私たちにはこの世界でなんらかの共有可能な道徳を実現する可能性があることも、『判断力批判』は示唆しているのではないでしょうか。

なぜカントを読むのか

――御子柴さんにとって、カントの哲学にはどういう魅力や面白さがあったんでしょうか。

御子柴　哲学者のなかには、著作や論文を読んでいくと、次に何を言うかを予想できる人と、予想のできない人がいます。カントはまさに後者で、三批判書を読み始めた頃は、次に何を言うか、ぜんぜん予想がつかない哲学者でした。だから最初に読むと、ハッとするというより、困惑させられることが続くんですね。でもその分、理解できてくることの面白さがあるんですね。ここには、カントの書物を読むことそのものの魅力があります。

たとえば『純粋理性批判』では、それまでの神の現存在証明を取り上げて、「全部ダメ」って切って捨てる。すごい切れ味だと衝撃を受けるし、何言ってるかわからないところから、理屈が通っていると理解していく過程は端的に面白いじゃないですか。

そういう意味では、カントの思考の展開は常人とはかけ離れています（笑）。そういう飛び抜けた刺激的な力がカントの思考にはあるんですね。

だからこそ、みんなカントは難しいと言います。でもそれは決して、カントが人を驚かすために議論を展開しているからではありません。そこには、誰にとっても重要なメッセージが詰まっています。

私たちの日常に即して言うならば、日々いろいろな情報を手に入れながら、「けしからん」とか「これは大問題だ」とか言うわけですよね。しかし、カントであれば、「ほんとうにそれが問題なのか」ということを考える。見えているものを見えているままに受け取るのではなく、まったく違う視点で物事を見る方法、さらには、それがすべてではないと考え続ける方法は、カントからたくさん学べるように思うのです。

鬼門である「超越論的」もそうです。経験的な事実は大事ですけど、事実が成立するための条件を考える。それを人間の認識に即して、あるいは人間の意志決定のあり方に即して考えてみることは、これほど情報があふれ、新しいことが起きている世の中に対して、それでも受け身にならずにすむ視点を私たちに与えてくれるように思います。

最後にもう一度、カントがルソーから受けた影響を思い出しましょう。カントは、「人間の尊厳」を語り、「人間性の権利」を回復できないなら、哲学には何の価値もないと書きつけていました。私たちは、現代社会を生きながら、人間の尊厳が毀損《きそん》される事態、人権が蹂躙《じゅうりん》される事態を日々見ています。この状況が現前にあることじたいが、人間の尊厳や人権の存在を疑わせるかもしれません。そうした事態に直面して、それでも、尊厳や人権を語るために、私たちは繰り返しカント哲学に立ち返るのです。

第3章ブックガイド　御子柴善之

ハンス・ミヒャエル・バウムガルトナー（有福孝岳監訳）**『カント入門講義――『純粋理性批判』読解のために』**（法政大学出版局、一九九四）

邦訳でも二〇〇頁以内にまとめられた『純粋理性批判』の入門書。著者は、カント哲学やシェリング哲学の高名な研究者。ドイツ語の原書が刊行された際に、ドイツでたいへん高く評価された著作である。『純粋理性批判』の全体像を見わたすことを容易にしてくれる。

オトフリート・ヘッフェ（品川哲彦・竹山重光・平出喜代恵訳）**『自由の哲学――カントの実践理性批判』**（法政大学出版局、二〇二〇）

原題は『カントの実践理性批判――自由の哲学』。著者は現代のカント哲学研究を牽引してきた研究者。『実践理性批判』はもちろんのこと、倫理学、法哲学、政治哲学、歴史哲学、平和論、宗教論、教育論も含む、包括的なカント実践哲学の解説書である。

小田部胤久『美学』（東京大学出版会、二〇二〇）

『美学』と題されているが、カント『判断力批判』の第一部「美感的判断力の批判」の理解に最適な著作。著者は日本を代表する西洋近代哲学・美学の研究者。カント美学だけに留まることなく、広く美学史に接することもできる。

第 4 章

ドイツ観念論とヘーゲル

——矛盾との格闘

大河内泰樹

大河内泰樹

おおこうち・たいじゅ

1973年、福岡県生まれ。京都大学大学院文学研究科教授。
哲学博士（ルール大学）。NPO法人国立人文研究所代表。
一橋大学大学院社会学研究科教授などを経て現職。
専攻はヘーゲルを中心とするドイツ観念論、批判理論、
ネオ・プラグマティズムなど。日本ヘーゲル学会代表理事。

著書、論文

Ontologie und Reflexionsbestimmungen: Zur Genealogie der Wesenslogik Hegels.（Königshausen & Neumann, 2008）

『労働と思想』（共著、堀之内出版、2015）

『ヘーゲル講義録入門』（共著、法政大学出版局、2016）

『政治において正しいとはどういうことか
――ポスト基礎付け主義と規範の行方』（共著、勁草書房、2019）

『資本主義と危機――世界の知識人からの警告』（共著、岩波書店、2021）

翻訳書

アクセル・ホネット『自由であることの苦しみ――ヘーゲル「法哲学」の再生』（共訳、未來社、2009）

マルクス・ガブリエル&スラヴォイ・ジジェク『神話・狂気・哄笑――ドイツ観念論における主体性』（共監訳、堀之内出版、2015）

ミヒャエル・クヴァンテ『カール・マルクスの哲学』（共訳、リベルタス出版、2019）

ジュディス・バトラー『欲望の主体――ヘーゲルと二〇世紀フランスにおけるポスト・ヘーゲル主義』（共訳、堀之内出版、2019）

アクセル・ホネット『自由の権利――民主的人倫の要綱』（共訳、法政大学出版局、2023）　など

イントロダクション

哲学史上、稀に見る濃密な時代

斎藤哲也

『哲学史入門』第二巻の最後は「**ドイツ観念論**」を取り上げる。

文字面からしていかめしい**ドイツ観念論は、カント以後のフィヒテ、シェリング、ヘーゲルらによってドイツで展開された思想運動**、と教科書的には説明される（カントを含める論者もいる）。時代的には、カントの『純粋理性批判』が刊行された一七八一年から一九世紀半ばまで。フランス革命がすっぽりと収まるこの期間に、哲学史上稀《まれ》に見る濃密な議論がドイツで集中的に噴出した。

その発火点になったのが、前章で見たカントの哲学だ。カントの哲学に従えば、私たちは自然法則が支配する現象界と、道徳法則が支配する物自体の世界（叡智界《えいちかい》）という二つの分裂した世界に属することになる。これは必然の世界と（カント的な）自由の世界と言い換えることもできる。

理性に関しても、カントは『純粋理性批判』では理論に関わる理論理性を、『実践理性批判』では実践に関わる実践理性を論じたが、この二つの関係は判然としない。

カント以後の哲学者たちは、この分裂した二つの世界、二つの理性を、いかにして統合するかという課題と取り組むことになる。多くの哲学者・思想家がカント以後の課題と格闘したが、このイントロダクションでは、フィヒテ、シェリング、ヘーゲルの三人の哲学のあらましを見ていくことにしよう。

フィヒテの「自我哲学」

ヨハン・ゴットリープ・フィヒテ（一七六二―一八一四）は、もともと熱烈なカントファンだった。とりわけ『実践理性批判』の自由論に魅了された。憧《あこが》れが昂《こう》じてカントを訪ねるも、最初はけんもほろろの対応。それにめげずに『あらゆる啓示の批判の試み』（一七九二）という原稿を書き上げて再度訪問し、認めてもらったという逸話もある。しかもその原稿は、カントの斡旋《あっせん》で出版までされた。

カントの継承者を自任するフィヒテは、カントの研究を進めながら、独自の哲学を構築していった。そうして世に出したのが『全知識学の基礎』（一七九四）という著作である。

同書のなかでフィヒテは、カント哲学に見られる理論理性と実践理性との分裂を批判している。すなわちカントは『純粋理性批判』では理論理性を論じ、『実践理性批判』では実践理性を論じているだけで、両者を統一する原理を提出しえていない。フィヒテが『全知識学の基礎』で目論んだのは、**カントにおいて分裂せざるをえなかった二つの世界、二つの理性を統一し、根源的な一つの原理から知を基礎づけること**だった。

その原理をフィヒテは「**自我**」に求める。そして、次のような自我に関する三つの根本命題から出発して、あらゆる知識が生み出されていくプロセスを論じていく。

①自我は根源的に端的に自分自身の存在を定立する。
②自我に対して非我が端的に反定立される。
③自我は自我のうちで可分的な自我に対して可分的な非我を反定立する。

ほとんどの人は、この三命題を見た瞬間に、匙《さじ》を投げだしたくなるんじゃなかろうか。何を隠そう、僕もその一人だった。でも安心してほしい。フィヒテの「自我」については、インタビューで大河内泰樹さんが懇切丁寧に解説してくれている。このイントロダクションの段階では、「フィヒテと言えば、自我という概念から知識の成立を論じた哲学者」くらいの理解でかまわない。図式的に言えば、**カントにおいて分裂してしまった理論（認識）と実践を、自我という原理から統一しようとしたのがフィヒテの哲学**だ。

シェリングの「自然哲学」と「同一哲学」

フィヒテよりおよそ一回り若い**フリードリヒ・ヴィルヘルム・ヨーゼフ・シェリング**（一七七五―一八五四）は、たいていの教科書で「早熟の天才」と紹介される。一五歳にして、通常は二〇歳で入学するテュービンゲン神学校に入学し、五歳年上のヘーゲルやヘルダーリンと肩を並べて勉強した。一七九八年、弱冠二三歳でイエナ大学講師に就任。翌年には正教授になっている。

当初はフィヒテの自我哲学に傾倒し、フィヒテに立脚した論文を次々に書き上げていったが、次第に独自の哲学的立場を鮮明にしていった。前期シェリングを特徴づけるキーワードは「**自然哲学**」と「**同一哲学**」だ。

フィヒテの哲学では自我から出発して、あらゆる知識が生成していく。シェリングはその理路を否定しない。だがそれと並んで、自然から出発して自我（精神）へと至る道筋を描こうとした。シェリングいわく「自然は目に見える精神であり、精神は目に見えない自然であらねばならない」（『自然哲学の考案』）。

この時期のシェリングは、自我から出発する自我哲学と、自然から出発する自然哲学が相まって体系的な哲学が完成すると考えた。だが両者は並立するだけで、統合することは難しい。ではどうすればいいのか。この課題に取り組んだ著作が『私の哲学体系の叙述』（一八〇一）であり、ここにもう一つのキーワードである同一哲学が登場する。

同書でシェリングは、精神と自然、あるいは主観と客観の根底に、「**絶対的同一性**」としての絶対者を置く。絶対的同一性というぐらいだから、精神と自然の区別などない。では現実に、精神と自然の区別があるのはなぜなのか。シェリングはそれを精神的な要素と自然的な要素の「**量的差異**」から説明する。精神（主観）的な事物は精神的な要素の量が多く、自然（客観）的な事物は自然的な要素の量が多いというわけだ。
奇怪な説明のように思えるが、現代だって意識と物質の関係は解き明かせていない。シェリングはこの難問に、絶対的同一性としての絶対者を置くことで答えようとしたのである。

先述したように、シェリングはもともとフィヒテに立脚した論文を次々と世に出して、哲学界に颯爽《さっそう》とデビューした。当初は二人の親交も厚かったが、同一哲学を打ち立てた頃には文通も途絶え、以後は絶交状態となってしまったという。

ヘーゲルの『精神現象学』

このシェリングの同一哲学を批判したのが**ゲオルク・ヴィルヘルム・フリードリヒ・ヘーゲル**（一七七〇―一八三一）だ。シェリングとヘーゲルはテュービンゲン神学校の同窓であり、親交も深かった。シェリングが『私の哲学体系の叙述』を刊行した一八〇一年、ヘーゲルはシェリングが教授を務めるイエナ大学の私講師に就任し、共同で哲学雑誌も刊行した。同年に刊行したデビュー作『フィヒテとシェリングの哲学体系の差異』では、シェリングの同一哲学に立脚して、フィヒテを批判している。

だが二人の蜜月時代も長くは続かなかった。一八〇七年に刊行した『精神現象学』序文のなかで、ヘーゲルはシェリングの名前こそ出さないものの、同一哲学を批判する。先ほど説明したように、シェリングの言う絶対者には、事物の区別というものが一切ない。ヘーゲルはそれを「すべての牛が黒くなる闇夜」と批判し、シェリングと袂《たもと》を分かつのだ。

ヘーゲルのシェリング批判がもっともはっきり現れている箇所を引用しておこう。

学一般の、もしくは知のこうした生成こそが、この精神の現象学が叙述するものである。知は、それが手はじめに存在するすがたにあって、あるいは直接的な精神としては、精神を欠いたものであり、感性的な意識である。ほんらいの知となるために、……長いみちのりを苦労して辿らなければならない。……まして言うまでもなくそれは、ピストルから発射でもされたかのように、絶対知からいきなり無媒介的にはじめるような昂揚とはべつものである。そのような昂揚ならば、他の立場はまったく考慮にもあたいしないと宣言して、それですませてしまうものなのである。

——『精神現象学』熊野純彦訳、ちくま学芸文庫、五一頁ここでヘーゲルが、「絶対知からいきなり無媒介的にはじめ」るシェリングを批判しているのは明らかだろう。

ならばヘーゲルはどのようにシェリングを乗り越えようとしたのか。その詳細はインタビューを読んでほしいが、ここでは『精神現象学』のあらましだけ触れておこう。

右の引用にあるように、『精神現象学』は素朴な「感性的な意識」が「長いみちのりを苦労して辿」って、「ほんらいの知」へと成長するプロセスを描いていくものだ。具体的には、**感覚的な意識がさまざまな経験を積みながら、知覚、悟性、自己意識、理性へと発展していき、最後に絶対知へと到達する**。この筋立てだけでも、絶対者から始めるシェリングとは大きく異なることがわかるはずだ。

インタビューの読みどころ

ここまでは、フィヒテ、シェリング、ヘーゲルについて、哲学史の教科書にも書かれていることを絞りに絞って駆け足で紹介してきた。それでも難しく感じられる人も多いに違いない。インタビューは「ドイツ観念論の著作はなぜ難解なのか」という素朴な質問から始めさせてもらった。

続けて「ドイツ観念論」というラベルが適切なのかどうかという点も、大河内さんに解説してもらった。この点については、『nyx（ニュクス）』2号（堀之内出版）で大河内さんが寄稿している「「ドイツ観念論」とはなにか？」という小論もぜひ参考にしてもらいたい。

「ドイツ観念論」の哲学を理解するうえでは、時代的な背景も欠かせない。この時代は、冒頭で述べたようにフランス革命の時代とも重なっている。**フランス革命は、ドイツ観念論の哲学者たちにどのような影響を与えたのか。**この問いは、ドイツ観念論のなかでもっとも重要なテーマは何だったのかという問題と直結している。

影響という点では、スピノザの受容も欠かせない。スピノザの「**神即自然**」という汎神論《はんしんろん》は無神論の嫌疑をかけられ、長らくタブー視されてきた。それがドイツ観念論の時代に入ると、スピノザが重要な参照点となっていく。たとえばすでに見たシェリングの同一哲学は、スピノザ哲学の養分をたっぷりと摂取している。

どうしてスピノザ哲学が突如として、ドイツの若き哲学者たちに読まれるようになったのか。いささか込み入った話ではあるが、大河内さんが嚙《か》み砕いて説明してくれている。哲学史としてドイツ観念論を学ぶうえではぜひとも知っておきたい事柄だ。

個別の論点としては、ヘーゲルの代名詞として語られる「**弁証法**」を取り上げている。高校倫理の教科書では、弁証法は「**正・反・合**」と説明するのが定番だ。はたしてこのような説明は適切なのか。違うとすれば、弁証法をどのように理解すればいいのか。さらに弁証法とセットで語られやすい「**アウフヘーベン（止揚）**」とはどういうことなのか。このインタビューを読むことで、世間に流通している弁証法理解が誤解にまみれていることを実感するにちがいない。

インタビューの終盤では、ドイツ観念論以後についてもレクチャーしてもらった。インタビューならではという点では「**ドイツ観念論はなぜその後の哲学から目の敵《かたき》にされているのか**」という質問を大河内さんにぶつけている。ドイツ観念論は、哲学史上、稀に見る盛り上がりを見せながら、その後、ボコボコに叩《たた》かれていく。それをどう受け止めればいいのか。現代において、ドイツ観念論にはどのような可能性があるのか。本インタビューを通じて、少しでもドイツ観念論に興味を持ってもらえたらと思う。

ドイツ観念論とヘーゲル

大河内泰樹
インタビュー：斎藤哲也

ドイツ観念論はなぜ難しいのか？

――素朴な質問から入りますが、「ドイツ観念論」の代表的哲学者とされるフィヒテ、シェリング、ヘーゲルのテキストは、難解と言われがちなカント以上に手強《てごわ》く感じます。いったいなぜ、こんなに難しい書き方をしているのでしょうか。

大河内　まず言っておきたいのは、難しいことには一応それなりの理由があって、無駄に難しいわけではないんですよ（笑）。

大前提として、私たち日本人がドイツ語のテキストを読む、という難しさがありますよね。ドイツ語の哲学というとカントあたりから始まるわけですが、カントはまだ若い頃はラテン語で書いていました。その意味では、ドイツ語の哲学が本格的に成立したのは、ドイツ観念論の時期だと言えます。ドイツ人にとっては、ようやく自分たちの言葉で哲学ができるようになったわけですが、彼らが使ったドイツ語を日本語に置き換えてもそのニュアンスはなかなか十分に伝わらない。ここにまず、ドイツ観念論のテキストを読む難しさがあるわけです。

ただ、「じゃあドイツ人ならすいすい読めるか」と問われれば、じつはドイツ人にとっても難しいんですね（笑）。それはなぜなのかと考えると、使われている言葉や概念が歴史性を持っているからです。

少し乱暴かもしれないけれど、哲学には大まかに二つのタイプがあると思うんです。一つはまったくゼロからつくり上げるタイプの哲学で、もう一つは過去の歴史や蓄積を参照しながら議論を展開するタイプの哲学です。

前者は、哲学の問いというのは本来素朴なものなのだから、これまでの複雑な哲学史はいったん置いて、素朴な問いから出発して、新たな哲学を始めるべきだと考える立場です。哲学史のなかでも、そういう「新たなスタート」の時期が何度かあったと思います。わかりやすいところではウィトゲンシュタインや初期の分析哲学がそうですね。デカルトもそうだったと言っていいかもしれません。彼もまたそれまでのスコラ哲学の複雑な議論は脇に置いて、確実なものを探すことから始めて、近代哲学の出発点になりました。

後者は、過去の哲学者の議論を陰に陽に参照しながら展開されるので、前者のタイプにくらべると、そのなかに深く入り込むのが難しくなりがちです。ドイツ観念論で言えば、やっぱりカント抜きに理解するのは難しい。私自身も、ヘーゲルの授業をする際には、いきなりヘーゲルから始めるのは困難なので、カントから入門してもらうんですよ（笑）。

ドイツ観念論の時代は、カントをはじめとする過去の哲学者からさまざまな影響を受けた、哲学の職人たちが多くいました。彼らが、さまざまなアイデアを出し合って、それぞれの哲学をつくり上げていったわけです。そうした歴史のなかで形成された複雑さを一つひとつ解きほぐしていくのは、じつはとても面白いことなんですが、そのぶん難しくなってしまうところはありますね。

フィヒテ↓シェリング↓ヘーゲルという図式

――そもそも「ドイツ観念論」という言い方からして、いかめしい感じがします。専門家のなかでは「ドイツ観念論」という括《くく》りはどのように議論されているんでしょうか。

大河内　最近では、ドイツ観念論という表現を避ける傾向があり、「ドイツ古典哲学」という表現を使うようになっていますね。

まず押さえておきたいこととして、この時代のドイツでは、観念論だけが進展したわけではないということです。たとえばヘーゲルだって、概念を重視するという意味では観念論と言えますが、同時に「概念が実在する」と主張しているのだから、実在論と言ってもいいわけです。あるいは、実在論の立場からカントを批判している**フリードリヒ・ハインリヒ・ヤコービ**（一七四三―一八一九）という哲学者がいます。後でもう一度触れますが、ヤコービはシェリングやヘーゲルにも大きな影響を与えた重要な哲学者です。フィヒテやシェリングの哲学には、それじたいのなかに観念論と実在論の対立が反映されています。こうしたことをふまえると、「**ドイツ観念論**」**と呼ばれる哲学も、実のところは観念論と実在論の両方が入り混じっている**んですね。

――「観念論」と言ってしまうと、誤解を与えてしまうと？

大河内　ええ。ただ、「ドイツ古典哲学」という言い方が適切かどうかというと、それも微妙です。「ドイツ古典哲学」と言いたい人は、この時代の哲学を、ドイツ文学におけるゲーテやシラーの時代のようなクラシックな存在、つまり他の時代を測る基準となる標準哲学なんだと言いたいのでしょうが、そういう見方も相対化したほうがいいでしょう。
正確に言えば「一八〇〇年前後にドイツ語圏で展開された哲学」ということになりますが、これでは味気ないですよね（笑）。あるいは、カントの批判哲学のインパクト以降に成立した哲学ということで「ポスト・カント哲学」という言い方もされますが、これだとカントを超えたことにならない。何かもっといい言葉があればいいのですが、他にあまり代案がないのが現状です。

——わかりました。便宜上、今回はドイツ観念論という言葉を使いますが、大河内さんは、このドイツ観念論の時代をどう見ているんでしょうか。

大河内　やっぱり哲学的に盛り上がっていた時代だったと思いますね。カントの存在が大きくて、当時の一流の知性がそこにいっぱい群がりました。そうやってカントを批判するにしても継承するにしても、重要な新しい議論がほんとうに一年ごとにめまぐるしく展開されていったわけです。

——そうした大勢の哲学者がいるなかで、フィヒテ、シェリング、ヘーゲルという三人がドイツ観念論の代表とされるのはなぜでしょうか。後世の人たちの見方なのか、それとも当時からこの三人が群を抜いていたんですか。

大河内　たぶんカント以降の哲学で、フィヒテが決定的なポイントだというのは当時の人も思っていたはずです。ただ、フィヒテからシェリング、シェリングからヘーゲルという図式は、ヘーゲルがつくったものです。彼は哲学史を講義していたわけですけど。最終的に自分に行き着く前の段階として、フィヒテ、シェリングを置くんですね。

――「ゴールはオレだ」みたいな（笑）。

大河内　そうなんですよ（笑）。その意味ではヘーゲルがつくった図式を、一〇〇年も二〇〇年も引っ張りすぎているところはありますね。だから最近は、この図式を真に受けず、後期のフィヒテとか後期のシェリングに注目する研究も増えています。

あたり前のことですけど、三人とも同時代に生きている人たちなので、同時並行で発展しているんですよね。別にフィヒテが死んでシェリングが出てきたわけではない（笑）。フィヒテとシェリングは互いに影響を与え合っているし、その様子をヘーゲルも傍《かたわ》らで見ている。ヘーゲルが著作を出版すると、それをふまえてシェリングが議論するわけですよね。だからいまだに、フィヒテ→シェリング→ヘーゲルという図式そのままで説明しているような解説は、眉唾《まゆつば》だと思って聞いたほうがいいですね。

を認識している私は常にその手前にいることになる。存在するものが私に与えられているものだとしたら、「私」は存在の外に出てしまうことになります。

この「認識している私A」をさらに認識の対象にしたとしても結果は同じです。そうすると、今度はその「私A」を認識する「私B」が必要だということになり、「私B」を認識するためには「私C」が必要となり……、無限後退が起こってしまいます。

フィヒテの何が革新的だったかというと、**フィヒテは自我を、そうした無限後退していく前提ではなくて、自分自身を存在させることができる「働き」と考えた**ことです。これを「**事行**《じこう》」と言うんですが、自我を動きのない存在として考えるんじゃなくて、働き、作用として捉えるんですね。

——たとえば「見る私」と「見られる私」の両方が、働きとしての自我のなかに含まれているというイメージでしょうか。

大河内　そう言ってもいいでしょう。ふつう、私たちは〈関係〉とか〈運動〉に先だって、〈関係するもの〉や、〈運動するもの〉があると考

ヨハン・ゴットリープ・フィヒテ
（1762–1814）
ハインリヒ・アントン・デーリング作
1841年、ドイツ写真図書館

えます。たとえば、AとBが等しいという関係にあるためには、先にAとBがなければならない。だから、「私」が「私」と関係しているのだったら、先に「私」が存在しなければならないと考えるのがふつうでしょう。

ところがフィヒテは、これをひっくり返して、「私」つまり自我は自分自身を存在させる働きそのものだと考えた。だから、「見る私」と「見られる私」がいるのではなく、そもそも「見ながら見られている私」からすべては出発すると考えるのです。フィヒテはこれを「自我は根源的に端的に自分自身の存在を定立する」(第一根本命題)と表現しましたが、じつはこの表現も不十分です。なぜならそれは、「定立する」の主語としての自我と目的語としての自分自身の存在を前提しているように見えるからです。

しかし、これは私たちの言語が持つ限界です。フィヒテがこの「事行」という言葉で言いたいのは、そうした主体と客体を前提するような働きではなくて、その間の働きそのものなのです。

三つの根本命題

――フィヒテは三つの根本命題を挙げていますね。「自我に対して非我が端的に反定立

される」（第二根本命題）、「自我は自我のうちで可分的な自我に対して可分的な非我を反定立する」（第三根本命題）はどのように理解すればいいでしょうか。

大河内　第一根本命題は、自我が自分自身の存在を打ち立てる働きであることを述べたものでした。その限りでは、存在するものは自我だけだということになります。ところが、そうして存在させられたもの（客体としての自我）は、存在させるもの（主体としての自我）とは別のものであると言うこともできます。

先ほどは、主体としての自我と客体としての自我は同じ自我だということから出発したわけですが、結果としては主体と客体との違いが生じているわけです。そこで、自我ではないもの、つまり非我がそこにある、主体としての自我に非我が対立（「反定立」）させられ

フィヒテの三根本命題のイメージ

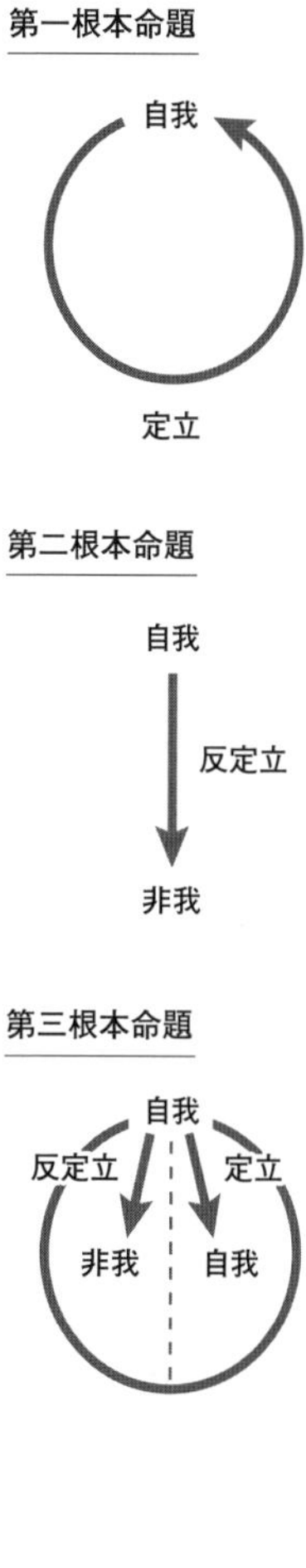

ているということになります。これが第二根本命題です。

しかし、ここに矛盾が生じます。第一根本命題にしたがえば、存在するのは自我だけです。第一根本命題は絶対ですから、これが否定されてはなりません。しかし、そこに非我もあることになる。そこでフィヒテは、自我の存在と非我の存在がなんらかの形で両立するはずだと考えます。そこで導入されるのが「**可分性**」という概念です。自我と非我の関係をどちらか一方だけが可能だという排他的な二者択一の関係ではなく、それぞれを全体の部分として両立可能なものと考えるというわけです。

フィヒテは怒るかも知れませんが、雑なイメージを使って言えば、円グラフを書いて、右半分の五〇パーセントは自我、左半分の五〇パーセントは非我と考えれば、自我と非我を両立させることができます。

——この図解（前頁）のおかげでイメージがつかめました。

大河内　以上が、三根本命題の概要です。しかしフィヒテは第三根本命題で、第一根本命題と第二根本命題の矛盾が完全に解消したと考えているわけではありません。

むしろ自我と非我の矛盾は、彼の「知識学」の全体を貫いて存在しており、フィヒテの戦略は、そうした矛盾を解決しようとしていく展開のなかに、観念論と実在論という哲学

的立場の争いそのものを位置づけていくというものです。つまり、自我を主とする観念論と、非我を主とする実在論が、フィヒテの知識学自体のなかで争い合うことになります。

そしてまたこれは、カントが積み残した、物自体の問題と、理論と実践の分裂という二つの問題を解決しようとする試みでもありました。理論的立場は、非我を優位に置く立場であり、自我の優位は実践的立場においてはじめて確立されます。

フィヒテの最終的な立場は観念論ですが、これは実践的に確立されることになります。つまり、**理論と実践は実践において統一される**というわけです。そしてこれによって非我が克服されれば、物自体とはまさに究極の非我ですから、物自体の問題も同時に解決されるはずだというわけです。

こういったかたちで、**働きとしての自我から出発して、カントの哲学を刷新しようとしたのがフィヒテ**です。そしてフィヒテが書いた『全知識学の基礎』に大変な影響を受けたのが、若きシェリングです。彼は一九歳のときに、フィヒテのこの本に応答する論文を書いて、フィヒテに大絶賛されるんです。

——めちゃくちゃ早熟ですね。

大河内　ヘーゲルは大器晩成型でしたが、シェリングは早熟の天才でした。フィヒテにとってみれば、強力な理解者ができた格好です。だけどわずか三年後、シェリングが「**自然哲学**」を展開しはじめたことで、二人の関係はギクシャクしはじめます。

「精神」とは何か

ヘーゲル登場！

大河内　フィヒテは、働きとはいえ、自我から出発して、非我が出てきて、最終的に自然や他者までつくり出していくと言っている。この自我から出発する哲学は「超越論哲学」と呼ばれます。「超越論哲学」は、カントが使った用語ですが、フィヒテ以降は自我を出発点とする哲学がそう呼ばれることになります。**シェリングはそれに対して、「自然からスタートして、自我を持つような意識が生み出されると考えることもできるんじゃないか」と発想する**んです。

――真逆ですね。

大河内　フィヒテからしたら、そんなのは不可能なんですよ。出発点はあくまで自我なわ

けですから。

——念のためですが、シェリングが言う「自然」は、カント的な現象としての自然とは違いますよね。

大河内　そうですね、自然を単なる現象としては捉えておらず、自我から独立してもそれ自身で存在するものだと考えていました。そうして、シェリングは自然から出発して自我へと至る「自然哲学」を展開しようとしました。そしてその後、自然哲学と超越論哲学は、いわば一枚のコインの表裏で実際には一つなんだという「**同一哲学**」を標榜《ひょうぼう》することになります。

フリードリヒ・シェリング
(1775–1854)
ヨーゼフ・カール・シュティーラー作
1835年、ノイエ・ピナコテーク

——そしてヘーゲルが出てくるわけですね。

大河内　ヘーゲルは、フィヒテとシェリングが争った、意識か自然かという論争をもう一段深めることで解決しようとします。それがヘーゲルの「**概念**」であり、「**論理**」です。ヘーゲルは意識にも自然にも先立つものとして「論理」を置くんです。「概念」や「論理」というと、意識的なものだと思われるけれど、ヘーゲルにとってはそのどちらでもないニュートラルな原理なんです。つまり、**概念が取るいろいろなかたちのなかに意識もあるし自然もあるというのがヘーゲルの考え方**です。

『精神現象学』のコンセプト

大河内　ただ、ヘーゲルの場合、意識と言ってしまうと語弊があって、正しくは「**精神**」なんですね。『精神現象学』というヘーゲルの代表作がありますが、そこでは「意識」から出発するものの、途中で意識の立場を乗り越えて、「精神」になっていくわけです。

論理学から自然哲学への移行は、「**外化**」と呼ばれます。この場合、「外化」とは、論理という観念的なものが、物質となってかたちをとることです。逆に言えば、論理学はかたちの形式や構造を扱います。しかし、ヘーゲルは論理形式はおのずと現実になる力を持っていると考えます。したがって、論理は自然へと「外化」していきます。

他方でヘーゲルは、物質としての自然の中に、ふたたび観念的なものが生じてくると考えます。それが端的に見られるのが、動物などの生物です。ヘーゲルは、生物をたんなる物質ではなく、概念（観念）によって統合された物質であると考えます。したがって自然

の内部において、自然は自分を否定するもの、観念的なものを生み出していくのです。その先に、つまり外的なものである物質が自分を否定して「**内化**」することによって、「精神」が生じるのです。

『精神現象学』で、ヘーゲルは自分独自の哲学を確立したと言われます。つまり、ヘーゲルはそこで、フィヒテの自我の哲学（超越論哲学）とも、シェリングの「自然哲学」、あるいは自然と意識は同一であるという「同一哲学」とも違う、精神の哲学の立場を確立しました。この理解は間違いではないのですが、注意しなければならないのは、『精神現象学』は、ヘーゲルが自分の哲学を始めるための準備作業を記述している本なので、文字通りに受け取ったら、ヘーゲルが正しいと思っていることはそこには何も書かれていないはずなんですよ（笑）。

――なんと！

大河内　『精神現象学』はとても変わったコンセプトの哲学書です。ふつうの哲学者であれば、自分の哲学の立場を読者に示す

フリードリヒ・ヘーゲル
（1770–1831）
ヤコブ・シュレジンガー作、1831年
旧国立美術館（ベルリン）（©Staatliche Museen zu Berlin, Nationalgalerie）

ヘーゲルが構想した体系

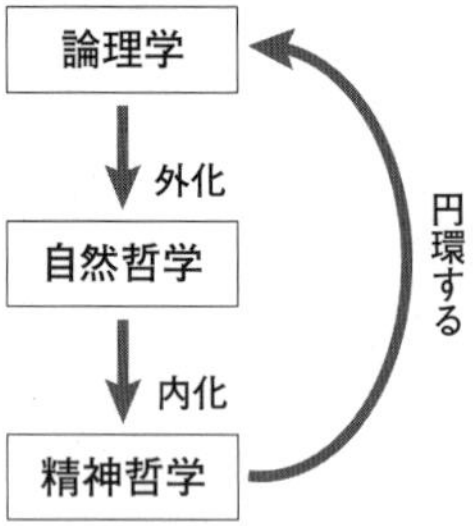

ことで従来の哲学を乗り越えようとします。ヘーゲルは、それではダメだと言うんです。間違っている哲学に対して、自分が正しいと考える哲学をぶつけるだけでは、自分の哲学の正しさの証明にはならない。むしろ、間違った立場の人が、自分が間違っていることに自分で気づいてくれないと、正しい哲学の正しさも証明できない。だから、まずは間違ったことを信じている人たちが自分が間違っていることに気づく過程を描かないといけないと考えました。それが『精神現象学』です。だから、その意味では『精神現象学』は間違いだけが書かれた哲学書です。

――『精神現象学』は、よちよち歩きの意識が成長して、哲学の出発点に至るまでのお話ですよね。だから失敗の連続が描かれていると。

大河内　そうそう。たとえば「意識が自然を対象にして見ている」という〈主観→客観〉みたいな在り方は乗り越えられないといけない。乗り越えられて、はじめてヘーゲルにとってはほんとうの哲学がやってきます。ヘーゲルにとって「哲学」のほんとうの出発点になるのは、先ほど言ったように「概念」や「論理」なんです。そうして**ヘーゲルが構想**

した体系では、論理学→自然哲学→精神哲学というふうに段階的に上昇していくんですね。

自由をいかに証明するか

——ドイツ観念論の時代はフランス革命とも重なります。フランス革命がドイツの哲学者たちに与えたインパクトはかなり大きかったのでしょうか。

大河内　とても決定的でした。ここまでで触れたフィヒテ、シェリング、ヘーゲルも、強い影響を受けました。

フィヒテは『全知識学の基礎』を書くよりも前に、フランス革命についての政治論文を出版していますし、また、シェリング、ヘーゲルと、詩人のフリードリヒ・ヘルダーリン（一七七〇―一八四三）という三人は同じ神学校に通っていて、三人でフランス革命を祝ったというエピソードもあるくらいです。フランス革命は政治的な事件として非常に大きかったわけです、哲学的な点で言えば、**フランス革命は自由という、ドイツ観念論の中心的な問題に直結**しています。

カント以降の哲学でもっとも重要な概念は「**自由**」です。つまり自由こそ、哲学が証明しなければならないもっとも重要な課題になったということです。もちろん、自由意志は中世から哲学的問題とされてきましたが、カント以前は最終的に大事なのは神でした。

たとえばライプニッツの「弁神論」は、この世界における悪の存在に関して神を弁護する議論です。神が全知全能であるなら、なぜ悪など存在しない完全な世界を創造しなかったのか、という当然の疑問に答えることがその課題でした。世界における悪の責任を神に負わせないためには、人間に自由意志があると言わなければなりません。人間が自由意志を持つことによって、悪しき行為を行うのであれば、その責任は人間にあり、神の責任にしないで済みます。人間の自由意志の証明は同時に神の弁護でもあったというわけです。

――全知全能の神と人間の自由意志はどうしても矛盾しますよね。

大河内　それでもライプニッツあたりまでは、神を弁護するために、なんとか人間の自由意志を論証しようとするわけです。ところが、カントからその順序がひっくり返ります。つまり**人間の自由がもっとも重要なもので、その次にどのようにすれば、それと神という絶対的な存在の想定と齟齬《そご》をきたさないようにできるかを示すことが哲学者の課題になる**んです。

――「自由」に話を戻すと、たとえばフィヒテの自我は、自由とどのように結びついているんでしょうか。

大河内　自我の働きそのものが自由を体現しているんです。なにせ、自分自身を存在させるのが自我なのですから、それ以上の自由はありません。しかしそこで問題になるのが、「自我」と「他我」との関係です。「他我」、つまり自分とは違うもう一人の別の自我がありながら、二人とも自由であるという状況がいかに説明できるかということも、フィヒテの大きな課題でした（『自然法の基礎』）。

フィヒテの発想では、まず自我があって、それに対峙《たいじ》する他我がいる。双方が、自分の絶対的自由を主張していては相手の自由を否定して（つまり奴隷にして）しまうことになる。だから、自由が可能になるために、お互いが自分で自分の自由を制限し合っていると考えなければならない。フィヒテはこれを「**承認**」と呼びます。「承認」は、ヘーゲルのキーワードとして知られていますが、実はそれを先に言ったのはフィヒテなんですね。しかし、ヘーゲルの承認はもっとラディカルです。ヘーゲルは、フィヒテのように自我の自由と他我の自由を制限し制限され合う関係としては、そもそも議論しません。そうではなくて、「他者の自由はむしろ私の自由の条件である」と考えます。

私の自由が成立する根拠の一つに他者の自由がある。もっと言ってしまうと、**ヘーゲルの場合、自分を徹底的に否定して、他者の自由を受け入れたときに、自分も他者も自由に**

なる。だから、自分の自由と他者の自由は一体化しているし、自由な「私」の成立と「我々」という複数の主体の成立が同時なんです。それをヘーゲルは「**我々なる我、我なる我々**」という言い方で表現しています。これは、『精神現象学』に出てくる有名な言葉の一つですね。

弁証法とアウフヘーベン

弁証法はヘーゲルの代名詞なのか

――ところで、ヘーゲルというと「弁証法」が代名詞のように言われますよね。

大河内　まず知っておいてほしいんですが、ヘーゲル自身はそれほど頻繁に「弁証法」という言葉は使っていないんですよ（笑）。

――なんと！

大河内　もちろん使わないわけではないですし、いくつかの重要な箇所に登場しますが、それらも一貫した意味で使われているかというと、微妙なところがあります。実際、同時代の人々がヘーゲルを「弁証法の哲学者」と見ていたかというと、そうではなかったはずです。むしろそのイメージはヘーゲルの弟子たちによってつくられ、さらにマルクスやマルクス主義が弁証法を重視したことで、「ヘーゲル＝弁証法」というイメージが後付けでつくられてしまったと言えるでしょう。

ヘーゲルの哲学は弁証法的ではないとまでは言いませんが、そのイメージはある程度、後からつくられた部分もあると思います。

――ヘーゲル自身も「オレの切り札は弁証法だ」みたいには考えていなかったわけですか。

大河内　そうでしょうね。弁証法という言葉自体は古代ギリシアからあるわけですから。

――高校倫理の教科書では、ヘーゲルの弁証法は「正↓反↓合」と解説されていますが、こうした理解は正しいのでしょうか。

大河内　そもそも、ヘーゲル自身はそういう図式で語っておらず、この図式でヘーゲルを説明したのはプルードンだと言われています。

たしかに弁証法というと、ある主張（正）に対して、反対の主張（反）があり、それが総合されて（合）発展的な主張になるように思われがちですよね。だけど、**ヘーゲルにとって**

の弁証法というのは、第一に自己否定的な運動なんです。つまり、最初にあるものが自己否定をすることで、それと正反対のものになる。こうして自分自身が反対のものになるわけですから、その時点で「自分」と「非・自分」が統一されていることになるんですね。「反」の後に「合」が出て来るというよりは「反」が成立したときには、すでに「合」が成立していなければなりません。

具体的にイメージしづらいと思うので、少し違う方向から説明をしてみます。先ほども言ったように、弁証法じたいはヘーゲルやヘーゲルに影響を受けたマルクス主義の専売特許ではありません。プラトンの描いたソクラテスの対話篇にも弁証法はあるし、アリストテレスにもあるし、フィヒテの議論を弁証法として捉える人もいます。

そもそもの弁証法の意味は、何かをあらかじめ固定された原理として置かないことなんですね。仮にAを一つの原理としたとき、Aに対してBが当てはまらないとしましょう。この場合、Aが原理なんだから、Bを間違ったものとして否定するのが常識的な考え方です。でもそうではなくて、AとBの両方を行き来しながら調整しましょうというのが、弁証法という考え方のそもそもの理解です。要するにAを固定した原理と考えず、AとBの対立関係を解消するように考えていくのが弁証法なんです。

ヘーゲルもこうした意味で弁証法という言葉を用いることがあります。たとえば意識と対象の関係で言えば、ふつう、対象そのものが真理としてまずあって、意識はそれにどうやったら近づけるのかを考えていきます。でもヘーゲルは、意識と対象は不即不離なので、意識が変わったら対象も変わるんだと言います。両者の関係を相互的な運動であると見なすんですね。**この相互的運動を、意識と対象が一致するところまで進めていく**、これをヘーゲルは『精神現象学』で「弁証法的運動」と呼んでいます。

――いまの場合は、「対象の正しいあり方がある」ことを固定的な原理としないということですね。こういうたとえが適切かわかりませんが、赤ん坊の意識に現れるリンゴと、その赤ん坊が大人になったときの意識に現れるリンゴでは異なっていて、大人になると色やツヤにも注意が向く。これをヘーゲルは、意識が変化するだけでなく、その変化に応じてリンゴという対象も変わるんだと考える。

大河内　うまいたとえですね。

アウフヘーベンとは

――ここまでの話と関係するかもしれませんが、弁証法とアウフヘーベンはセットで語られがちじゃないですか。実際のところ、ヘーゲルのなかで、弁証法とアウフヘーベンはセットなんでしょうか。

大河内　これも誤解されがちですが、必ずしもセットというわけではありません。実際、ヘーゲルは、弁証法より「**アウフヘーベン（止揚）**」という言葉のほうをたくさん使っています。教科書的にはアウフヘーベンは、「否定するとともに保存する」という両義性を持つものとして説明されていて、ヘーゲル自身がそうやって説明している箇所もあるんですが、ほとんどの場合は単なる否定の意味合いで使われていますね。現在ヘーゲル研究者の多くは「**廃棄する**」と訳しています。

ただ、これもややこしい話になってしまいますが、**ヘーゲルの否定はたんに何かを否定してゼロにするということではない**んですね。たとえば、ある考え方を疑って、それを否定するのでは、ただ無知というスタート地点に戻るだけです。それだと「懐疑主義」に陥ってしまう。自分の立場はそうではない、とヘーゲルは言うんです。

ヘーゲルの哲学の特徴は、そこに発展と運動があることですが、そうした発展が可能になっているのは、そこに否定があるからです。アウフヘーベンが、「否定」であると同時に「保存」であると言うとき、これは何かが否定されずに残っているということだと理解され

アウフヘーベンのイメージ

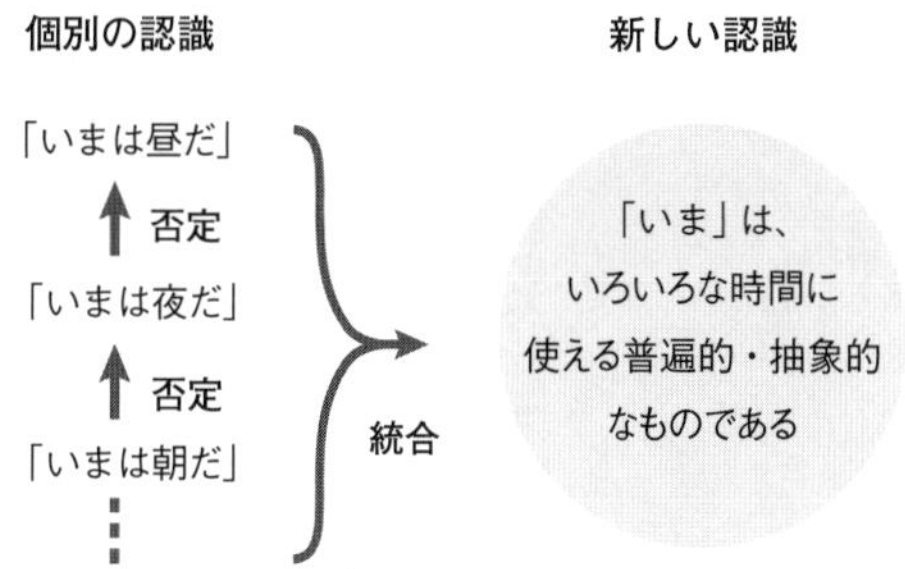

てしまうことがあるのですが、そうではなく、**何かが否定されたということが保存されて残っていくということ**なんですね。だから、**否定があるところには結局いつも「保存」がある。**

『精神現象学』の「感覚的確信」の例を出せば、素朴な意識が「いまは昼だ」ということを真理と捉えるとします。だけど夜になると「いまは夜だ」になりますから、「いまは昼だ」という、先ほど真理とされていたことは否定されるわけです。でも「いまは夜だ」も、朝になると否定される。でも、それを繰り返していくと、「いま」はいろいろな時間に使えることがわかってくる。

ということは、「いまは昼だ」「いまは夜だ」「いまは朝だ」は否定されて消えるのではなくて、これらの否定が「『いま』はいろいろな時間になる」という理解のなかに統合されていくことになります。そうして「いま」という一番具体的だと思われていたものが、実は普遍的・抽象的なものだということになる。このときの「いま」にはそうしたさまざまな「いま」（昼や夜）の否定が含まれています。

よくアウフヘーベンは「否定されながらも否定されずに残っている」ということを意味するのだと誤解されるのですが、それではただの詭弁《きべん》です。そうではなく、何が否定されたのかが記憶にとどめられているということなのです。ヘーゲルの哲学は、その意味で徹底した否定の哲学です。

ヘーゲルの「啓蒙の弁証法」

——ヘーゲル以後、マルクスを筆頭にいろいろな哲学者や思想家が弁証法を使っていますが、彼らも同じような使い方をしているのでしょうか。

大河内　マルクス自身は、ヘーゲルの論理学をよく知っていて、それを彼の『資本論』で縦横無尽に用いました。ところが、それがエンゲルスによって、あるいは後のマルクス主義のなかで定式化されることで、硬直した弁証法理解が影響力を持つことになってしまいました。とくに旧ソ連などの共産主義国家は弁証法的唯物論を共産主義を正当化するものとして、教科書にして教えなくてはいけなかったので、非常に図式化されたかたちで弁証法を普及させました。

そういった硬直化した弁証法よりは、ホルクハイマーとアドルノが二〇世紀に『啓蒙の弁証法』で展開しているような議論のほうがヘーゲルに近いと思います。ユダヤ系ドイツ人でナチス政権下で亡命を迫られた彼らは、ナチスという「野蛮」は、西洋における「啓蒙」それ自身が生み出したものだと考えました。「啓蒙」はそれとは正反対のものである「野蛮」に反転するのだというのです。じつはヘーゲルも『精神現象学』のなかの「絶対的自由と恐怖」という節で、啓蒙の問題を似たようなかたちで取り扱っているんです。

若い頃のヘーゲルはフランス革命に熱狂しましたが、後から批判的になります。結局、フランス革命が恐怖政治になってしまったからです。フランス革命における恐怖政治では、党派争いのなかで政敵が粛清されることになってしまいました。ところがフランス革命の基礎になっているのは啓蒙思想です。その意味で、啓蒙の理念が野蛮を生み出してしまったというのは、ヘーゲル自身も指摘していることなんですね。

——ヘーゲルは『啓蒙の弁証法』の先駆的な議論を展開していたんですね。

大河内　ついでに言っておくと、**ヘーゲル政治哲学の中心的な動機は、フランス革命が招**

いた恐怖政治をふたたび引き起こさずに、どうやって自由な近代社会を構築するかという**こと**にありました。そのため、ラディカルな民主派から見れば、ヘーゲルの考えは保守的に映るかもしれません。

でもヘーゲル自身の意図は、古い社会の維持ではなく、自由な社会を作ることにあったわけです。自由を旗印にしたフランス革命が作ったのは、国家と個人が直接対峙するような社会です。しかし、そうなると国家が圧倒的に強い。では、どうすればいいのか。ヘーゲルは、フランス革命が破壊した旧体制の社会には、職業や身分にもとづく組合のようなものがあったことに注目し、近代社会においても新たにそうした中間的な組織を設立することが重要だと考えたんです。

彼は、同じ職業に就く人々の団体を「**コルポラツィオーン**（Korporation）」と呼び、それを組み込んだ国家を構想するんですね。一見、それは封建的な社会のように見えるかもしれませんが、**ヘーゲルは当時生まれつつある資本主義の問題をいち早く察知し、フランス革命のような動乱を避け、貧困問題にも対処しながら、中央集権的でない近代国家を考えようとしていた**んです。

ヘーゲル哲学の継承と反発

スピノザの影響

――ところで、大河内さんが書いた「「ドイツ観念論」とはなにか？」という小論では、「ドイツ観念論以前のドイツ哲学とドイツ観念論とを隔てているのは、スピノザの影響である」と指摘されていましたね。スピノザの影響はいかほどだったのでしょうか。

大河内　極めて大きいものでした。そもそも当時のドイツでは、スピノザの汎神論は超越的な人格神を否定することになるので、スピノザ主義者を標榜することはタブー視されていました。ではなぜ、スピノザ哲学が受容されるようになったかというと、先ほど名前を挙げたヤコービの『スピノザ書簡』（一七八五）という著作がきっかけです。

フリードリヒ・ハインリヒ・ヤコービ
(1743–1819)
ヤン・ファン・エイク作、1780年
GLEIMHAUS Museum der deutschen Aufklärung

登場人物が増えてしまって申し訳ないのです

が、ヤコービは作家でもあり、哲学についても論じる、当時第一級の著述家でした。そのヤコービが啓蒙主義哲学者の代表だったモーゼス・メンデルスゾーン（作曲家のメンデルスゾーン＝バルトルディの祖父）と書簡を交わしているんですね。ヤコービはそのなかで、ゴットホルト・エフライム・レッシング（一七二九―八一）と会ったときのことを記しています。レッシングはドイツ啓蒙主義の重要人物で、劇作家でもあり、哲学的著作も残しています。そのレッシングが、死ぬ前に「私はスピノザ主義者だ」とヤコービに語ったというんです。それをヤコービは、レッシングが死んだ後、メンデルスゾーンへの手紙のなかで報告したわけです。

――つまりヤコービは、「以前、レッシングと会ったとき、レッシングは「自分はスピノザ主義者だ」とオレに言ったんだ」みたいなことを、メンデルスゾーンへの手紙に書いたわけですね。

大河内　まさにそうです。ところが、当時スピノザ主義者であることは無神論者と同一視されることになりタブーでしたので、メンデルスゾーンは友人だったレッシングを擁護しようとして、ヤコービに返信する。そのやり取りを収めて本にしたのが『スピノザ書簡』です。一七八五年に出版されると、一種のスキャンダルとして扱われました。

もともと、ヤコービ自身にスキャンダラスに書いてやろうという意図はなかったと思います。ただ、ヤコービ自身はスピノザ主義に反対なんですね。ヤコービが面白いのは、もっとも合理的に一貫した哲学がスピノザの哲学であることは認めるんですよ。でも、スピノザ主義の帰結が無神論であり自由の否定なんだとしたら、それは「哲学」というものじたいの問題だと言うんです。

つまり、自由を求めるとしたら、私たちは理性的に考える哲学のなかにいてはならず、信仰へ向かわなければならないと。こうしてヤコービにおいて、スピノザ主義の影響は哲学を限界づける方向に行くわけです。ヤコービの主張がいわゆるドイツ観念論のイメージからずいぶんかけ離れていることはおわかりいただけるかと思います。でも彼もドイツ観念論のとても重要な登場人物なんです。

ともあれ、ヤコービにはスピノザ主義を広めるつもりはなかった。ところが『スピノザ書簡』を読んだヘルダーリンやシェリング、ヘーゲルなど、当時の若者たちは、「スピノザすごいじゃん」となるんですよ（笑）。

――若者たちはスピノザのどういうところに惹かれたんですか。

大河内　たとえば『スピノザ書簡』でヤコービが書いたテキストのなかに「**一にして全**」

という言葉が出てきます。カントの哲学は二元論ですよね。現象と物自体とを分けてしまうから、二つの原理を置かざるをえない。ところがスピノザの哲学は一元論であり、何もかもが神に内在しているという論理です。この一元論的な建て付けに、シェリングもヘーゲルも、ものすごくインスパイアされるんです。

シェリングが自然を重視するのも、スピノザの「**神即自然**」の影響があるでしょう。つまり、神が世界そのものであるとしたらこの自然そのものが神であり絶対的なものだというわけです。ヘーゲルが最終的に一つの体系をつくろうとしたのも、明らかにスピノザの影響が考えられます。フィヒテだって『全知識学の基礎』でスピノザに言及していますから、ドイツ観念論の哲学者たちはみんなスピノザを意識していました。

――面白いですね。ヤコービ自身は、自由に反するという意味合いで、スピノザの一元論を紹介したわけですよね。だけど、そこから刺激を受けたシェリングやヘーゲルも、自由の哲学をつくろうとした。

大河内　そうなんですよね。彼らにとっては、二元論に対する一元論がとてもまぶしく見えたんだと思います。先ほど、カント以降の哲学にとって一番大事なのは「自由」になったと述べましたが、同時に「神」は「**絶対者**」という概念に置き換えられていくことになります。おそらくはドイツ観念論の用語のなかでこの「絶対者」というものもとっつきにくい言葉の一つだと思いますが、そこにはこのスピノザの影響があります。つまり、もはやキリスト教が想定したような人格的な超越神ではなく、スピノザが提起したようなすべてを包摂するような存在が求められていくことになるというわけです。

——ちなみに、ヤコービの『スピノザ書簡』は、スピノザ哲学がどういうものかがわかるくらい詳しく書かれているんですか。

大河内　スピノザの議論を丁寧に追うというかたちではないですね。そのエッセンスをヤコービのフィルターを通して伝えていると言ったほうがいいかもしれません。とにかく、それだけ影響があったのは確実にヤコービの筆の力もあったでしょう。当時の若者たちが、その後、スピノザのテキストそのものをきちんと読んだかどうかは微妙ですけど。『スピノザ書簡』は、正しくは『スピノザの学説に関する書簡』といって翻訳もされているので、実際に読んでみるといいと思います。

ヘーゲル以降のドイツ哲学

——ヘーゲル以後、ドイツの哲学シーンはどのように展開していったんでしょうか。

大河内　一つ重要なのは、先に述べたように、ドイツ観念論の哲学はヘーゲルに収斂《しゅうれん》したわけではなかったということです。先ほど説明したフィヒテの自我論は、彼の初期の知識学の議論です。これはヘーゲルに大きな影響を与えますが、その後もフィヒテは知識学を発展させ、むしろ「絶対者」を主題として哲学的思索を深めていきます。シェリングも後期には、初期の自分の哲学も、ヘーゲルの哲学も一緒くたに「消極哲学」と呼んで相対化して、「**積極哲学**」を唱え、神話や啓示を主題にした膨大な草稿を残しています。

フィヒテ、シェリングはさらに観念論的な思索を深めていくのですが、彼らはそれを活字にすることをまったくしなかった。そのために、彼らの後期哲学は一九世紀にはあまり影響力を持たず、二〇世紀になってようやく本格的に研究が進められることになりました。

したがって、後世への影響という点ではヘーゲルがやはり大きい。大枠では、一**九世紀というのはヘーゲル哲学の継承と反発の時**代だったと思いますね。一つの流れとしては、**ヘーゲル学派**と言われる人たちが登場します。ヘーゲルの死後には、ヘーゲル哲学にもとづいて、宗教をどう考えるかが大きな論点となりました。キリスト教とヘーゲルの哲学は一体のものとして理解できるというヘーゲル右派に対して、ヘーゲル左派は宗教批判やキリスト教批判をしながら、結局ヘーゲルも現状を肯定する哲学者だとして批判していくことになります。このヘーゲル左派のなかからフォイエルバッハやマルクスが出てきます。
別のところでは、**アルトゥール・ショーペンハウアー**（一七八八―一八六〇）が有名ですね。ショーペンハウアーの哲学は、カントを発展的に継承するような哲学であり、ヘーゲルを敵対視していました。

――有名なエピソードとして、ショーペンハウアーはベルリン大学でヘーゲルと同じ時間帯に、自分の講義をぶつけたんですよね。ところがそれが裏目に出て、ヘーゲルの教室は満員だったけど、ショーペンハウアーの教室はガラガラだったと。

大河内　ヘーゲルの人気が絶頂の頃ですからね。新米のショーペンハウアーは太刀打ちできませんでした。ただ、ヘーゲル自身も若い頃の授業は全然人気がなかったようですが。そして、このショーペンハウアーに影響を受けたのがニーチェですね。彼らはヘーゲルに批判的でした。
一九世紀後半になると、ヘーゲル主義は退潮して、「**新カント派**」が台頭します。新カント派が登場する背景には、やはりその間に起きた科学の発

アルトゥール・ショーペンハウアー
（1788–1860）
ジュール・ルンテシュッツ作、1855年

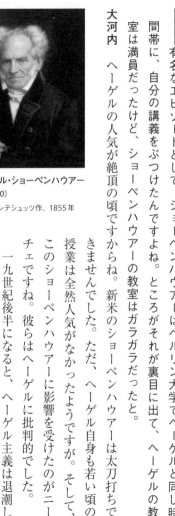

展があったと思います。つまり、自然科学と折り合いをつけやすい哲学的枠組みが求められ、**カントの哲学が、当時の自然科学の知見に合わせるかたちで組み替えられていった**わけです。

この新カント派が幅を利かせる状況のなかで、フッサール、ハイデガーという現象学が出てきたり、フレーゲの新しい言語哲学が出てきたりするというのが、ドイツ哲学の大きな流れだと言えます。

ヘーゲルはなぜ批判されたのか

――先ほど挙げた「「ドイツ観念論」とはなにか?」の冒頭でも書いておられましたが、ドイツ観念論は、それ以後のほとんどの哲学から目の敵のように批判されています。なぜそこまで多くの批判にさらされたんでしょうかね。

大河内　僕が大学生だった一九九〇年代は、ちょうど現代思想ブームの時期で、とくにヘーゲルはまるで悪の親玉のような扱いでした。僕の場合、むしろそれで興味を惹かれたところがあったんです。こんなに批判されているヘーゲルとは何なんだろうと。

一般的に言えば、ヘーゲルの哲学は非常に思弁的で、現実離れしているように見える。

そういった思弁的な点を批判した典型が分析哲学ですね。もっと地に足のついたかたちで、言語の分析から始めるべきだというアプローチで分析哲学が始まったわけです。でも興味深いことに、分析哲学が始まって一〇〇年以上が経過したいま、分析哲学者のなかにもヘーゲルを評価する人が出てきています。

先に述べたように、現代思想方面からは、理性を絶対的なものと見なすヘーゲルの理性主義が批判の的になりました。たしかにヘーゲルは理性を重視していますが、同時に彼は近代的な合理性に対する批判者でもありました。彼は、数学的・自然科学的な合理性を自分の「**理性**」の立場と区別して「**悟性**《ごせい》」と呼んで批判します。だから、ヘーゲルの「理性」という言葉には、近代の数学的・科学的合理性に対する批判が含まれているんですね。**とくに初期のヘーゲルは、近代的な合理性に対する批判を、感情や直観を重視することで展開していたん**です。

その意味では、**ポストモダンの先駆者と言える側面**もあったかもしれません。しかし、そうした反合理主義的アプローチに満足できず、最終的には、彼が「理性」と呼ぶ、より高次の合理性を求めるようになったとも言えるでしょうね。

もう一つ重要な批判のポイントとなったのは、ヘーゲルだけに限りませんが、**ドイツ観**

念論が体系としての哲学を目指していたところだと思います。ヘーゲルの哲学も、すべてを包摂し、すべてを一つの枠組みのなかに統合しようとするものでした。そのため、体系の外にあるものや、枠に収まらないものを重視するポスト構造主義に見られるような哲学とは相容れなかったわけです。

自然哲学の可能性

――大河内さんがおっしゃったように、最近では分析哲学でもヘーゲルが取り上げられていますし、「新しい実在論」を標榜するマルクス・ガブリエル（一九八〇― ）も、ドイツ観念論、とりわけシェリングに依拠して自身の議論を展開しています。大河内さんは、ドイツ観念論の可能性をどのような点に見いだしていますか。

大河内　日本でも有名なガブリエルは、もともと後期シェリングの研究者ですが、彼も分析哲学を使って議論しますし、私の研究から言うとどうしてもヘーゲルの話が中心になりますが、マクダウェルやブランダムという分析哲学者たちが行為や言語の問題をヘーゲル哲学と接続して議論しています。また、国家論としてもヘーゲル哲学は示唆に富んでいます。

ただ、なかでも僕自身が最近関心を持っているのは、ヘーゲルでもずっと評価されていなかった自然哲学です。シェリングとヘーゲルが展開した自然哲学の時代は、現代の科学史の記述などでは、それこそ観念論的な思弁が経験的な科学を押しのけてしまった、科学の暗黒時代のように描かれることが定番になっています。しかし、とくにヘーゲルの自然哲学には、現代科学を理解するうえで興味深い視点があるように思います。

たとえば分析的な科学哲学では、自然主義が主流で、自然科学が世界を正しく記述しているという考え方をとります。ただ、自然科学のなかには力学、化学、生物学など多様な分野があり、それぞれが異なる分析の枠組みを持っていますよね。つまり、自然という同じ対象を扱ったとしても、それぞれの分野ごとに異なる観点からのアプローチがあるわけです。

ヘーゲルの自然哲学は、これらのさまざまな科学的アプローチを、自然に対する見方の段階として位置づけていきます。つまり、力学的な世界の見方を乗り越えたところに化学的な見方が、さらに化学的な見方が発展した先に生物学的な見方がある。その意味でヘーゲルの自然に対する見方は多元的です。しかしさらに重要なのは、ヘーゲルがそうして理解された自然にそれぞれ不十分なところがあるとしている点です。

そこでヘーゲルがラディカルなのは、そうした私たちの自然理解の限界は、最終的には自然そのものの限界でもあると主張するところです。ヘーゲルは、これを「**自然の無力**」という言葉で表現しています。これはとても悪名高い議論です。なにせ、それは、私たちの自然の見方に不十分な点があるとしたら、それは私たちの概念の側に限界があるのではなく、自然の側に問題があるのだと主張しているわけですから。いかにも思弁的な、観念論哲学の妄想であるかのように聞こえることでしょう。

ところが、ヘーゲルはこのことによって、**自然のなかには概念に収まらないものがある、科学による自然のカテゴリー化、分類には、つねに不十分な点が残らざるをえない**ということを指摘していると見ることができます。

たとえば、これはヘーゲルが挙げている例というわけではありませんが、カモノハシという動物がいますね。哺乳類《ほにゅうるい》でありながら、くちばしを持ち、卵を産んで子孫を残します。母乳で子どもを育てることから、哺乳類に分類されていますが、卵を産み、くちばしを持つという点を取り上げて、鳥類に分類することも可能だったでしょう。その際私たちは、カモノハシをなにか哺乳類にも鳥類にも収まりの悪い不思議な動物として理解しますが、ヘーゲルの自然の無力という考え方に従えば、むしろ自然には概念による分類に収まらないものがあることのほうが当然なのです。
科学は概念によって自然を分類するわけですが、自然は実際には連続的です。虹の色の数が文化によって異なるのは、地域によって虹のあり方が違うからではありません。虹のなかに色の区分や境目があるわけではなく、私たちが持っている言葉にしたがって虹の色を理解しているからです。ヘーゲルが自然のなかにそうした連続性を見ているのだとしたら、それは観念論どころか、それこそ**物質的な実在論**だと言えると思います。こういった観点から、ヘーゲルの自然哲学を読み直すと、現在主流の自然主義とは違う方法で自然が理解できるのではないでしょうか。

ヘーゲル哲学の現代的意義

大河内　もう一つ、これと関連してヘーゲルから影響を受けたジュディス・バトラー（一九五六―）の思想は、いまあらためて注目してもいいのではないでしょうか。彼女がヘーゲルから継承している考え方の一つに「**脱自的**」というものがあります。これは、**固定的な何かに縛られず、常に自己を否定し、自己を超えていくということ**です。
実はこの考え方は、いま述べた、自然を認識する際のカテゴリーに関する話ともつながっているんですね。私たちが既存のカテゴリーを実在だと思ってしまうと、セックスやジェンダーの問題も、そのカテゴリーによってしか見られなくなってしまう。あるいは倒錯したかたちで、現実をカテゴリーのほうに合わせようとしてしまう。

たとえば、インターセックスの子どもが生まれてきたときに、男の子になる手術や女の子になる手術をしてしまう、というようなことです。最近、本人の意志によらず子どものうちにそうした手術を行うことがドイツでは禁じられるようになったそうですが、日本をはじめとする国々ではそうしたことが「子どものため」と称して行われているわけです。つまり、概念のほうに現実を合わせてしまうというわけです。

バトラーは、「**クイア**」という概念で知られていますが、彼女がやろうとしていることは、男女という二つの性とは別の新しいカテゴリーをつくるということにとどまるわけではありません。なぜならそうすることでまたそのカテゴリーが固定化されてしまっては、ふたたび現実が切り刻まれてしまうことになりかねないからです。だから彼女は「**攪乱**《かくらん》」というアプローチを取るんですね。**概念の枠組みをつねに揺さぶり、それによって枠からこぼれ落ちてしまうような存在を救おうとする。**

それは、私たちが生きていくにあたっては概念が決定的な枠組みをつくっているのに、私たちの身体や欲望は必ずしもそうした概念に収まるようにできてはいないからです。だから「攪乱」は、生存するための戦略でもあります。バトラーは、ヘーゲルの自然哲学からこれを学んだわけではないでしょうが、最初に書かれた著作が『精神現象学』についてのものだったように、ヘーゲルの考え方によく通じている思想家です。ここにもヘーゲル哲学の現代的意義が見られると思います。

第4章ブックガイド　大河内泰樹

久保陽一『ドイツ観念論とは何か？――カント、フィヒテ、ヘルダーリンを中心として』（ちくま学芸文庫、二〇一二）

日本のドイツ観念論研究者のなかでも、国内外でもっとも定評のある著者によるドイツ観念論の入門書。必ずしも網羅的ではないが、日本語でドイツ観念論の概要を知るには、まずこの本から入ってほしい。カント哲学から始めているので、ドイツ観念論の前提となっているカントの議論も押さえることができる。フィヒテの知識学と若きシェリングの哲学について比較的詳細に扱われているほか、詩人として知られるヘルダーリンの哲学も扱われている。

ジュディス・バトラー『欲望の主体――ヘーゲルと二〇世紀フランスにおけるポスト・ヘーゲル主義』（大河内泰樹・岡崎佑香・岡崎龍・野尻英一訳、堀之内出版、二〇一九）

フェミニズム、クイア理論の理論家として知られるジュディス・バトラーの出発点となったヘーゲル研究。『精神現象学』の「自己意識」章・主人と奴隷の弁証法までの画期的な解釈とともに、コジェーヴ、イポリット、サルトル、デリダ、フーコー、ドゥルーズ、クリステヴァに至るまでのフランス二〇世紀哲学におけるヘーゲル哲学の影響を描き出している。

『nyx（ニュクス）』第2号、三重野清顕主幹「特集　ドイツ観念論と理性の復権」（堀之内出版、二〇一五）

雑誌の特集だが、ドイツ観念論の多様な議論を一挙に学ぶことができるものとしては、この野心的な特集に代わるものはない。ヘーゲルはもちろん、ヤコービ、マイモン、ニートハンマー、ヘルダーリン、シェリング等についての気鋭の研究者たちの論考が収録されている。マルクス・ガブリエルの後期シェリング論も収録。年表がついているのもうれしい。

特別章

哲学史は何の役に立つのか

山本貴光
吉川浩満

山本貴光

やまもと・たかみつ

1971年生まれ。文筆家、ゲーム作家。慶應義塾大学環境情報学部卒業。
コーエーでのゲーム制作を経て、フリーランスとなった後、
東京工業大学リベラルアーツ研究教育院教授、
金沢工業大学客員教授。「哲学の劇場」主宰。

吉川浩満

よしかわ・ひろみつ

1972年、鳥取県米子市生まれ。文筆家、編集者。
慶應義塾大学総合政策学部卒業。国書刊行会、ヤフーを経て、現職。
晶文社にて編集業にも従事。「哲学の劇場」主宰。

主要著書

山本貴光『「百学連環」を読む』(三省堂、2016)

山本貴光『マルジナリアでつかまえて——書かずば読めぬの巻』
(本の雑誌社、2020)

山本貴光『マルジナリアでつかまえて2——世界でひとつの本になる』
(本の雑誌社、2022)

山本貴光『世界を変えた書物——人類の知性を辿る旅』
(橋本麻里編、小学館、2022)

吉川浩満『理不尽な進化——遺伝子と運のあいだ』
(朝日出版社、2014→増補新版、ちくま文庫、2021)

吉川浩満『人間の解剖はサルの解剖のための鍵である』
(河出書房新社、2018→増補新版、ちくま文庫、2022)

吉川浩満『哲学の門前』(紀伊国屋書店、2022)

山本貴光／吉川浩満『人文的、あまりに人文的——古代ローマから
マルチバースまで ブックガイド20講＋α』(本の雑誌社、2021)

哲学史から何を学ぶか

――哲学史にどう入門するかということを考えたとき、過去の哲学者の議論は、「現代の自分たちの問題とは関係ない」と思われがちです。どうすれば過去の哲学者や哲学史を身近に感じることができるでしょうか。

山本　私は目下、東京工業大学で哲学を担当しているのですが、学生たちのなかにも、いまお尋ねいただいたような感覚を持っている人が少なからずいると思います。とくに理工系の学問では、最新の知識や成果がわかって、その応用ができればよいとされがちで、歴史はどちらかというと軽視されます。たとえば、二〇世紀はじめ頃まで物理学者たちが検討していたエーテルという物質についての考え方の変遷を知らなくてもよい。あるいはアインシュタインの論文を直接読まずとも、相対性理論の基本がわかればよい。ボーアの原著を読まなくても、量子論の計算ができればよい、というふうに。

――自然科学の分野だと、とくにそうかもしれませんね。新しい理論のほうがより真理に近いと見なされますから。

山本　そこで「歴史は知らなくてもよし」となってしまうんですよね。新入生たちと話すと、その手前の受験勉強に必要のなかった科目＝人生に不要な知識という不幸な勘違いをしている人もいたりします。他方で私はそうした理工系の学生たちに哲学を教える立場なのでこんな話をします。みなさんがいま学んでいる物理学や化学や生物学も、その母体となったのは哲学なのだと。現在は制度化された学としての哲学も専門分化しているので、そこからは想像がつかないかもしれないが、二〇〇〇年も遡《さかのぼ》れば、哲学は世界について扱う学問のことでした。いまで言う「自然科学」の諸分野が独立した専門科目になる前の世界ですね。

じゃあ、それこそ哲学の過去を見ておくと何がうれしいかというと、哲学はほとんどあらゆることを扱う学問だったわけですから、その歴史を見ると自然現象でも人間や社会に関する現象でも、なんらかの問題について、さまざまな試行錯誤があったことがわかる。また、そうした試行錯誤の数だけ思考の型のバリエーションも生まれているはずです。それは見ておいて損はない。そういう言い方をしています。

現在の成功例を知るだけでは、その例が持つ意味も見えづらいものです。むしろ成功例が導かれるまでの失敗やダメだった仮説やアイデアも見ておいたほうが、自分がものを考えるときの参考になる。なぜなら、これから自分が未知の現象に遭遇したとき、同じように試行錯誤する必要が出てくるわけですから。その際、成功例しか知らないと、思考の枠が狭まってしまうと思うんですね。

ヨーロッパ方面だけでも、二五〇〇年の哲学の歴史があるのだから、そこで出てきた考え方を見ておけば、いろいろな場面で応用が効く「思考の道具」が増えますよね。

吉川くんはいかがですか。

吉川　はっきり言ってしまうと、多くの人たちにとって、おそらくふだんの仕事やビジネスに関わるかなりの部分は、別に哲学史のことを知らなくても困らないんですよね。業務上の目的がハッキリしていて、それに対する適切な手段を選べばいいという状況では、その業務に関する知識がいちばん大事だし、たいていはそれだけでなんとかなります。

でも、人間関係や社会生活というところまで範囲を広げると、必要な知識が全然違ってくる。たとえば、われわれは毎日のように、生活の場面で道徳的な問題に直面しているわけじゃないですか。とすると、それにどう対処しようかと考えるだけでも、すでに哲学史に足を踏み入れているわけです。

あるいは仕事でも、自分のつくっている製品の倫理的な影響や社会的な意味まで考えようとすると、いつもより広く長いスパンで物事を考えなければいけなくなる。そのときに、いわゆる哲学史に登場してくるような人々が視界に入ってくると思うんですよ。

それから山本くんが言った「歴史を知ることの意義」も大事な話です。われわれの常識の多くは、実は一〇〇年、二〇〇年前の哲学者たちの思考の延長上にありますからね。

山本 忘れられがちだったり、意識されなかったりすることが多いですが、そのとおりですね。

吉川 要するに、道路や水道も社会のインフラだけど、哲学や思想もインフラだということです。現在のわれわれの社会常識を見直そうと思ったら、哲学史を二〇〇年ぐらい遡ったりする必要がある。たとえば一九世紀のJ・S・ミルなんかは、本の著者としてはいまではあまり人気がないけれど、現在のわれわれの社会常識にもっとも影響を与えた哲学者とも言えるわけじゃないですか。

——「人に迷惑をかけない限り、何してもいいんだ」なんて、まさにミルが言ったことですからね。自由についての僕らの考えの、かなりの成分はミル由来かもしれません。

吉川 そういうふうに、哲学史は、自分が生活しているなかで依拠しているものの考え方を点検する際にも役立つと思うんですよね。

「神」という説明原理

――先ほど山本さんがおっしゃったように、哲学者はさまざまな問題に試行錯誤しながら取り組んできたわけですよね。そのなかでも西洋哲学では、神という存在がずっと大きな問題としてあり続けています。中世の神学だけじゃなく、デカルトだってスピノザだって、あるいはカントだって神の問題は非常に大きかった。

ただ、ヨーロッパの外で生活している僕らからすると、なぜ神に関する議論を延々と続けているのかが、肌感覚としてつかみづらい。

山本 その感じは私もよくわかります。長らく西洋哲学史と付き合ってみても、神についての話はついに「ほんとうにそうだな」という感覚になれないものの一つです。信仰に関わることでもあり、宗教的なバックグラウンドが違うから、やむをえないところはあるかもしれません。

他方で、こんなふうにも思います。哲学者たちが時代を超えて神を気にし続けていたのは、この世界の成り立ちを知りたいからでした。つまり、世界を知るには何がわかればいいかという課題があった。キリスト教のような一神教であれば、唯一の神がつくりたもうた世界がどのようになっているかという関心です。人間の身では、神そのものを捉えることはできないものの、世界の理解を通じて神を知ることは目指せる。そこでは「普遍」ということも問題になる。

われわれ人間は、身の回りで起きている現象を知覚することしかできない。実際のところ、まったく同じ経験というものはない。でも、人は「これもあれも犬だ」と、言語を使ってまとめて抽象化できる。抽象的な「普遍」と、多様な「個物」というかけ離れているものを、いったいどう結びつけたらいいかという問題を、西洋哲学ではそれこそ試行錯誤しながら考え続けてきたわけですね。

そのとき、神様は大事なプレーヤーです。いろいろな個物があって、そこから「種」や「類」のような類似性がどのように出てくるのかという問題を考えていくと、西洋哲学では「神がいるからだ」「神がそうしたからだ」という答えに行き着く。そういう説明原理として、神がずっとあり続けてきたわけです。

――なるほど。説明原理としての神であれば、別に一神教の神とは限られないわけですよね。宗教的な背景はひとまず切り離して、それこそ思考の型の一つとして捉えることができそうです。

吉川　神を世界の説明原理、あるいは世界の原理そのものだと捉えると、東洋の思想との共通性も出てきますね。われわれが育った一九八〇年代って、ちくま新書の『世界哲学史』が提示したように、世界のどこにでも哲学があったとはあまり考えていなくて、哲学は西洋に特殊な思考だという捉え方が強かったじゃないですか。

——西洋哲学＝普遍を相対化するような見方ですよね。一九八〇年代じゃないけれど、木田元さんの『反哲学史』（講談社学術文庫）もそういう本でした。

吉川　こうした見方もある程度は正しいと思う反面、人類学で「ヒューマン・ユニバーサル」ということが言われるようになったのと同じような意味で、哲学でもユニバーサルなものはおそらくあるはずです。そういう観点からすると、昔だったら安直と言われたかもしれない比較思想史が活躍する余地はもっとある気がしますね。

山本　そうだよね。たとえば仏教学の中村元《はじめ》さんたちが編んだ『比較思想事典』（東京書籍）などもあったけれど、まだまだやり尽くしましたというところまでは来ていない気もします。井筒俊彦さんのように、複数の言語を使いこなしてその水準で比較する人もときどき現れますね。彼のような取り組みが大きな規模で、それこそ世界中を対象にしてできたら面白そうです。と、言うだけなら簡単なのですけれど。

哲学の領分とは何か

――世界哲学史や比較思想史が充実すると、それだけ思考の型も豊かになっていきますよね。ただ問題は、哲学者がつくり出してきた「思考の型」は、方程式のようなかたちでは抽出できないということです。たとえばカントの「超越論的」も思考の型だと思いますが、この単語だけを取り出して意味を説明したところで、何のことやらと思うんですよね。

やはり哲学や思想の「思考の型」は、誰がどういう文脈でそういう議論をしたのかということとセットじゃないと、なかなか使えるようなものにはならない。そういう特徴がある気がします。

山本　それは間違いないでしょうね。一組の方程式がわかったら、それをあれこれに応用できるというタイプの知識とはまた違って、一つの概念も他の多様な概念との網の目のなかに位置づけられるし、その性質や使い方や弱点を説明しようと思ったら丸々一冊の本を費やす必要もある、という世界ですから。「超越論的」という概念だけを必殺技の名前のように暗記しても応用はおぼつかないわけです。

ただし方程式にしても、高校の数学で意味を理解していなくても計算問題を解けるという水準とは別に、その方程式やそれを構成する要素にどんな可能性と限界があるかということは、これもまた一冊の本になるような話だったりしますね。それこそシュレディンガーが現代物理学は哲学だと言って、みなが自明視していた概念を検討し直すところから新たな発見をしてみせたように。

吉川　そう考えると、哲学って何をしているんでしょうね。たとえば「E＝mc²」とか、シュレディンガーの方程式は、世界の有り様を説明するための式じゃないですか。それからもう一つ、哲学の近縁ジャンルである論理学だと、思考の規則のようなものを、内容とは一切かかわらないかたちで整備してきました。哲学は両方に足がかかっているけれど、哲学と呼ばれる領域でしかできないことって何でしょうかね。

山本　理解の足場をつくるための雑駁《ざっぱく》な見立てとしては、いったんこんなふうに言えそうです。つまり、物理学や自然科学で行われる数理的な定式化は、この世界のなかで繰り返し生じていると見なしてよいことを一般化している。

たとえばペットボトルでも本でもビー玉でも、地球上にある物体が支えを失うと落下するという現象がある。落下するものが何かを問わず、その運動という現象は重力と時間の関数で記述できる。あるいは現代の論理学では、文の内容を気にしなくてよい水準で、言語が何をしているかを一般化し、記述する方法をフレーゲやラッセルが発明したのでした。

そのやり方で森羅万象を説明できれば「自然科学と論理学でいいじゃん」となるところです。他方で、そうした「繰り返し」では説明できないことが世界にはある。われわれ一人ひとりの生きている日常はその好例ですね。たとえ繰り返しのように見えることであっても、そのつど一度きりの出来事が連続している。

そういう一回しか起きないことの連続については、繰り返し起きると見なして記述するやり方だけではどうにもならない。もちろん統計のようにばらつきがあるけど繰り返しと見なせる現象をまとめて捉える試みもある。ただし、それも一回一回の出来事そのものを記述するのとは違うわけですね。そういうところに、哲学がやらなければいけないことがあるという気がします。

——先ほどの個物と普遍の話ともつながりますね。人の生き方とか社会のあり方、もっと言えば世界のあり方だって、ほんとうは繰り返しのない一回限りのものです。だけど、哲学者はそこに普遍的なものを概念として見いだしていく。

吉川　いまの話と同じことですが、ドゥルーズ＝ガタリが『哲学とは何か』のなかで言っている「科学は関数を発明して、芸術は感覚を発明して、哲学は概念を発明する」というのは、ずいぶん乱暴だけど、たしかにそうかもしれないとは思いますね。

ただ、話をややこしくしているのが、そこで哲学者が提示する概念って、事象を説明する場合もあれば、規範を提示する場合もある。たとえば「徳」とか「搾取」、「人権」という概念をつくることは、単なる説明ではなくて、その概念によって世界を変えようとしているわけですよね。そういう役割をも担ってきたがゆえに、難しい問題が生じているのかもしれません。

――学問の基礎として、記述的なものと規範的なものをちゃんと分けなさいと教わるけど、実際の歴史を見ていくと、両方がないまぜになったかたちで概念が発明されるような例はたくさんある感じがしますよね。

吉川　記述するための見方そのものが争点になったりもするじゃないですか。部下と上司の間のトラブルを、パワハラと見るのか、指導と見るのか。

山本　そうそう。さらに人がどんな見方をしているかによって行動も変わるというフィードバックも働いたりする。概念をどうつくって、どう共有するかということは、人間社会のあり方をほんとうは変えたり支えたりしているんですよね。

吉川　そういう意味で、最初に言ったように哲学や思想は社会のインフラなんですよ。このインフラも物理的なインフラと同じようにメンテナンスが必要になる。人間社会が変化していくわけですから。

哲学史は「芋づる式」で学ぶべし

――少し個人的なこともお聞きしたいんですが、お二人はどういうふうに哲学史に足を踏み入れたんですか。

吉川　われわれが学生の頃は、小阪修平さんの『イラスト西洋哲学史』（宝島社）とか『ソフィーの世界』（NHK出版）とか、哲学史をわかりやすいストーリー仕立てで描くような本がちょうど増えていた。そういう本で親しんだのが一つ。

もう一つは、音楽なんかを聴くときと一緒です。イングヴェイ・マルムスティーンに影響を与えたのはジミ・ヘンドリックスで、ジミ・ヘンドリックスはリズム&ブルースから出てきて……、というふうに「芋づる式」にたどっていくじゃないですか。

同じように、カントはヒュームと、スピノザやライプニッツの双方を批判して新しい哲学を打ち立て、そのカントをドイツの後輩たちが乗り越えようとして……みたいなかたちで、関心を広げていった気がします。

山本　私も吉川くんがいま言った二つが大きいですね。もう一つ付け加えるとしたら、われわれの学生時代って、文芸誌や、『現代思想』『批評空間』など思想誌を舞台に、現代思想や哲学に関する言説がまだ元気だった頃で、その方面に関心を持っていると自然と目に入ってくる状況があったと思います。

一九八〇年代、九〇年代は、文芸誌で柄谷行人《からたにこうじん》が「探究」を連載していたり、大江健三郎や埴谷雄高《はにやゆたか》のエッセイのなかにも哲学の話がいっぱい出てきた。対談や共同討議のようなページも、読んでいて刺激的だったんですよね。

もちろん、読んでも完全にはわからないわけですよ。でもわからないことじたいが動機になって、「ここで参照されているジャック・デリダの本を読んでみよう」となる。そこからは吉川くんが言った芋づる式です。

それでデリダをいきなり読んでもわからないわけだけれど、デリダを読むうえでフッサールの現象学とハイデガーが大事だということがたとえば見えてくる。そこで今度は「ハイデガーって何を考えた人かな」と、『存在と時間』を読む。でも、これもまったくわからない（笑）。でもハイデガーは、「自分より前の哲学者たちは、存在というものをちゃんと議論していない」と文句を言っているのはわかる。

こんなふうに一つ前、一つ前、さらに一つ前……と遡っていくと、ヨーロッパの場合は、どこからスタートしてもおおむね古代ギリシアのプラトンやソクラテスの時代にたどり着く。プラトンより前はテクストの断片は残っているけれど、まとまった著作として読めるものは少ない（さらに言えば古代ギリシア哲学に影響を与えた他の文明の思想に遡るということもありえる）。そうやってさしあたりの始点のようなものとしてのソクラテス以前、あるいはプラトンやアリストテレス前後まで遡り、そこからまた現代に戻ってくるというような往復をしながら、さまざまな本を読んできた気がします。

つまり、より以前の哲学者が提示した問題や回答を確認することで、それを批判しながら何かを付け足したり書き換えたりした哲学者の言うことが少しわかるようになる、ということの繰り返しをたどる旅です。

ありがたいのは、日本はそれなりに翻訳が揃っているんですよね。岩波文庫の青帯だけでも代表的な哲学書が相当揃っています。私は、高校生ぐらいから岩波文庫が好きで、大学生の頃からは、岩波文庫の目録をカタログのように使って読んでいました。先ほど述べた哲学や問題の系譜をたどる地図のようなものなのです。

プラトンにはこういう本があり、その次のアリストテレスにはこういう本がある。そうやって読んでいくと、結局、哲学史は芋づるの塊《かたまり》なんだということがわかってくるんですね。

「インスタントな知」には限界がある

――芋づる式に読んでいく楽しさはほんとうによくわかります。そのとき、哲学者同士の影響関係と一口に言っても、同時代や近い時代の影響関係もあれば、遠い時代の哲学者のテクストを新しく読み直すなかで生まれてきた影響関係もあります。そういうことがわかってくると楽しいし、もっと知りたいと思って、芋づるやカタログを頼りに読んでいくわけですよね。

ただ一方で哲学に限らず、いまの時代は過去の作品にも現在の作品にも、影響関係をスキップして、簡単にアクセスできるじゃないですか。ネットにも、そのためのコンテンツや情報が山ほどあります。そうしたなかで芋づる式に読んでいくのは、時間も手間もかかって、あまり万人向きではないような気もします。

吉川　影響関係それじたいを面白がる動機というのを持ちにくい時代になっているのかもしれませんね。

ふつう、何の興味もない家の系譜を調べたりしませんしね。とくにいまのように、面白いコンテンツをいろいろとフラットに摂取できる環境のなかで、影響関係のことをわざわざ考えなければいけない理由はないわけです。

でも、自分の家系だったら知りたくなることはあるかもしれないし、ある具体的な問題に直面したとき、その問題の来歴を知りたくなることだってあるかもしれない。そういうときにはじめて、影響関係のことを知るモチベーションが生じるんじゃないかという気がします。

その意味で、哲学史は最高に芋づる式が楽しめるジャンルですよね。単純に長いし。何しろ二五〇〇年分もある。たぶん、われわれの若い頃は芋づる式に影響関係をたどっていかなければ知識を得られなかったんですよ。だから、フラットに知識へとアクセスできるようになったことは、選択肢が増えたという意味で、基本的にはいいことだと思います。

山本 吉川くんの話を受けつつ、斎藤さんの問題意識をもう少し敷衍《ふえん》すると、手っ取り早く結果だけを知りたいというニーズは多くなっている気がします。たとえば「心脳問題って何なの?」と思ったら、Wikipedia の当該ページに概要が書かれているから、それを見ればいい。

ただ、そのレベルの答えで満足できるならいいんだけど、人によっては「なぜそういうことになるの?」と謎が増えますよね。そういう謎や驚きに出会わないと、芋づる式をやろうとは思わないのかもしれません。だとすると、謎をどこまで面白がれるかが、哲学史に入っていけるかどうかの分かれ道とも言えそうですね。でもそれは目指してそうするというよりは、いろいろやっているうちに取り憑《つ》かれてしまうというものかもしれません。

哲学史を拡張する

――違う話題に移りますが、従来の哲学史は、学説を中心に誰がどういうことを考えたのかというかたちで紡《つむ》がれてきました。でも、新しい学知が生まれるのには、技術や制度が大きくかかわっているはずです。そういった点に注目すると、哲学史もさまざまな拡張の仕方があるように感じるんですが、お二人はどう思いますか。

山本　重要なポイントだと思います。私は哲学史の前に、哲学という学問の範囲を見直したほうがいいと思っているんですよね。現在では「哲学」というと疑問の余地なく文系の学問だとイメージされがちですが、先ほども触れたように、専門分化する前の哲学の見方にいったん立ち戻ってみてはどうかと思ったりします。

そうすると、斎藤さんがいまおっしゃった技術の話は、途端に無視できなくなります。たとえばガリレオ・ガリレイは「オランダで望遠鏡が発明されたらしい」という報《しら》せを聞いて自分でもつくって空を見た。

いまのわれわれの常識では、望遠鏡で空を見るのは当たり前だけど、ガリレオの時代の望遠鏡はまずは遠くを見るものであって、それで天体観測しようという人はあまりいなかったようなんですね。ところがガリレオは望遠鏡で空を見た。天体にそれを向けた。

史実としてはガリレオより前に望遠鏡で天体観測をしたイギリスの人がいたらしいけど、後世に巨大な影響を与えたのは、ガリレオが天体観測の結果を著述した『星界の報告』です。望遠鏡で空を覗《のぞ》くと、月面の様子や衛星など、肉眼では見えないものがいっぱい見えた。

ガリレイの時代までは、アリストテレスの宇宙観がずっと支配的でした。地上と宇宙は違う物質でできている。月は表面ツルツルの完璧な球体で、宇宙を満たしている目には見えないエーテルという物質からできていると信じられていた。

ところがガリレオが月を見たら、地球と同じように表面がデコボコしている。「アリストテレスが言っていたことと違うではないか」と、宇宙観が揺らぐようなことを、望遠鏡という装置のおかげで発見して報告できたんですね。

この話を「ガリレオ・ガリレイは科学者だから」と片付けるのは時代錯誤を犯すことになる。そもそも本人の自認は哲学者で数学者でした。ガリレオは世界がどうなっているのかを知りたくて、天体を観測したわけです。自然科学という分野が確立した後の世界から見れば、科学史にカテゴライズされる話ですけれど、その技術的な側面も含めて当時のように哲学として考えたほうがいいと思っています。

われわれはどうしても一九世紀以降の学術分類の目で過去を見てしまうから、文系の学問としての哲学だけに注目しがちですが、そうするといま言ったような話がごっそり抜け落ちてしまうし、下手をするとニュートンも哲学史に入ってこなくなってしまう。逆にパスカルの『パンセ』は哲学だけれど、計算機論や物理学の研究は別扱いにされかねない。これはとてもマズいと思うのです。理系とか文系とか言ってないで、哲学という営みを捉え直してはどうかなと思います。

吉川　哲学史を拡張するという試みには、二つの問題意識がある気がします。

一つは、哲学史を訓詁学《くんこがく》にするのではなくて、いまのわれわれの興味関心に応えてくれるようなものにできないかということ。もう一つは、そのためにも山本くんが言ったように、現在の学問分類や通念を見直したほうがいいんじゃないかということです。

どちらももっともだけど、実際はどうなのかというと心許《こころもと》ない。たとえばしばらく前から、「リベラルアーツ」という概念が、大学は言わずもがな、ビジネスの場でも用いられるようになりました。だけどその内実を見てみると、文系学問から面白そうなジャンルやトピックをいくつかピックアップしているだけのものが多いですよね。

山本 それも大いなる勘違いと言いたい。歴史的に見てもリベラルアーツの半分はいまで言う理系の学問でした。

――よく言われる中世の「自由七科」は、文法、修辞学、論理学、算術、天文学、幾何学、音楽学ですもんね。

山本 それがなぜか、日本の文脈だと文系学問の学び直しのようなストーリーになってしまっている。そのせいもあってか、理系の人のなかには「リベラルアーツは自分には関係ない」と考える人もいる。

吉川 おそらく小学校、中学校の国語・算数・理科・社会は、元来のリベラルアーツのようなことを目指してつくられたカリキュラムで、それなりに運用されてきました。実際、小・中・高の国語・算数・理科・社会をちゃんと勉強したら、けっこういけますよね。でも、まさにその過程で理系と文系に分かれてしまうわけです。

山本　ほんとうにそうなんですよ。国語・算数・理科・社会をベースにして、学問全体という意味での哲学に接続できるはずなんですけど、途中で「どうせそのうち理系と文系に分かれるんだ」と気づいてしまうからね。

――しかも消去法で選ぶことも多そうです。高校一年生ぐらいで、「数学苦手だから文系だな」みたいに（笑）。

山本　そうそう（笑）。打ち上げられたロケットが燃料タンクを切り離すように、どんどん身軽になっていくんですよね。それを社会も是としていて、たとえば会社員になった後でも、「私は文系なので数学はわかりません」とか「私は理系だったので、古文はわかりません」という不思議な言い訳があちこちで通用していたりします。

吉川　そういう意味では、教育カリキュラムの問題だけではなくて社会の問題なんでしょうね。

知のインフラへの視点

山本　もう一つ、技術や制度というテーマで、哲学史で取り上げたら面白いと思うのは、

「文芸の共和国」のようなコミュニケーションのあり方です。

ヨーロッパでは、一六世紀から一八世紀くらいにかけて、学問に興味を持つ人々が、国や言語や宗教の違いを超えて、手紙を通じて知の交流のネットワークを形成していくんですね。これはけっこう大事なことで、それがなぜできたかというと、一つは郵便制度が整って、比較的安価に遠くまで手紙を届けられるようになったという事情があります。

もう一つは、活版印刷技術が普及して雑誌などをつくりやすくなったことがあります。そのおかげで一七世紀には、ヨーロッパでは雑誌が盛んになる。フランスでは『ジュルナル・デ・サヴァン』という最古の学術雑誌のようなものが一六六五年に印刷で創刊され、同じ年の三月にロンドン・ロイヤル・ソサエティが『フィロソフィカル・トランザクションズ（哲学紀要）』という学術雑誌をつくった。これはいまでも続いていますね。それがヨーロッパ各地で売られ、読者どうしが手紙で新しい発見を編集部に送りつけたことで知の交流がなされました。そこではマラン・メルセンヌやヘンリー・オルデンバーグのような交通整理役として活躍する人もいたりする。

こういうふうに、哲学が行われるための重要な条件として、郵便制度と印刷術によって知を交換するインフラが整えられたことも学術史や哲学史の文脈で共有したほうがいいと思っています。たとえばニュートンもロバート・フックも、『フィロソフィカル・トランザクションズ』誌を舞台に自分の論を発表して論争していましたね。そういうわけで、一七、一八世紀ぐらいのヨーロッパの学問の状況を見ようと思ったら、雑誌は無視できなかったりします。

――知の伝達や交流は、それを支える技術的なインフラや制度がないとできませんからね。中世のヨーロッパだって、各地に大学ができたことで一気に学問が広がっていったわけですし。

山本　最終的にできあがった書物や、概念の歴史だけを見ると、そのへんは目に入りづらいのですが、セットで考えたほうがいいと思うんですよね。

哲学の専門分化

吉川　哲学史の拡張ということでは、ここまでの山本くんの話に付け足すことはないんだけど、一方で現在に目を向けると、テクノロジーの発達や産業社会化、情報社会化によって、哲学自体のプレゼンスはどんどん下がっているじゃないですか。

今日話してきたように、少なくとも二〇世紀ぐらいまでは知的なインフラのけっこうな部分を哲学がつくってきたことはたしかだとしても、現状や今後はどうなんでしょうね。現在的な哲学史を考えるとしたら、どんなことが言えるのかが気になります。

山本　それは、ちょっとおぼつかないかも（笑）。

吉川　良くも悪くも専門分化が進んで、哲学という名のもとで実際になされているのは、非常にテクニカルな議論ですよね。もちろんそれが悪いということではなくて、もっとも な流れではあると思うんだけど、その結果、われわれがこれまで当然視してきたような哲学史が成り立たなくなりそうな気配も感じています。

山本　大学で哲学を専攻するわけではない学生に向けて説明するときに、現状の話がいちばん困る気がします。まずはここまで述べてきたような歴史、かつての哲学は全方位を扱っていて、いろいろな学問がそれを母体に独立していったという文脈を伝える。では、いまはどうなっているかというと、いろいろな学問が巣立っていった結果、何が残っているだろうというわけです。

規模で言えば、分析哲学が大きな分野になるでしょうか。そこでは「Xの哲学」、つまり言語の哲学、生物学の哲学、量子力学の哲学、統計の哲学、映画の哲学、ゲームの哲学、スポーツの哲学など、多様なものを分析哲学の手法を使って分析する、ということがなされる。もちろんこれじたい、重要な仕事であり、哲学を学ぶ人は避けて通れないものですね。

いま述べたさまざまな「Xの哲学」を見ていると、さっき吉川くんが言ったように、現在の哲学を含めてその歴史を書こうと思ったら、現代パートは非常にわかりづらくなっていると思います。物理学や心理学や生物学や歴史学のように学問名に対象が入っていないこととも関係するわけですが。

百科全書的な知を求めて

山本　ここに付け加えるなら、哲学は原理や概念を探究するという仕事の他に、もう一つ大きな仕事をやってきたはずです。それは、全体を見渡してマップをつくり、統合的にものを見るということです。

これは現在でも、というより、細分化が進んでいる現在ではいっそう大事な仕事かもしれません。ただそういう仕事を手掛ける人があまり見当たらないように感じています。結果として誰も全体マップを持たないまま、学問の細分化に寄り添うように哲学が営まれているようにも見えます。

吉川　全体を見るという仕事は、たしかに哲学にありましたね。別に人間全員の髪の毛一本に至るまでという意味ではなくて、全体という相のもとで物事を考えていくという仕事。歴史的な来歴からしても、それを哲学と呼ぶことはまったく不自然ではない気がします。

――そもそもアリストテレスは「万学の祖」ですからね。哲学が「ザ・学問」であるということには、いろいろな学問がすべて哲学だったという意味と同時に、一人の哲学者がいろいろな問題を論じていたという意味があるわけですね。

山本　少なくともヘーゲルぐらいまではそういう姿勢がありましたね。あるいはアンペールのような物理学者やその他の分野の人々のなかにも同様の発想が見られたわけです。エンチクロペディ（エンサイクロペディア）、つまり百学連環（百科全書）的な発想が絶えているのは、哲学にとって残念なことのように思いますね。

吉川　山本くんがやろうとしているのは、まさにそういうことですよね。

――これまでの日本でも荒俣《あらまた》宏さんとか松岡正剛《せいごう》さんとか、博学的な仕事をしている人は何人かいますね。ただ、そういう仕事をすることがますます難しくなっている感じはします。

山本　それは目下の制度上、そうなってしまうのかもしれません。学問や知識に関する制度が形式化すればするほど、後から来る人たちはそれを所与の前提として、そこに向かって最適化しなければいけないわけだから。論文という実績をあげろというプレッシャーもある。

いまの大学では専門化が前提で、それじたいは悪いことではないけれど、みんながみんなそうだと、南方熊楠《みなかたくまぐす》のような野生のポリマス（博学者）みたいな人は出てこない。ポリマスというのは、既存の学問制度の区分ではなくて、そうした境界線とは関係なく興味関心で動いていく人だからね。

仮にそうした人もいたほうがいいとすると、現状の制度の枠とはまた別のモノサシが必要かもしれない。そういう人が自由にできる環境が必要なんだろうと思います。既存の学問制度の区別や分類が強すぎると、そういう人が出てきても、どこかに押し込められてしまうかもしれない。

吉川　なかなか難しい問題ですね。不自由で抑圧的なシステムのなかで恩寵《おんちょう》のように現れる野生のポリマスにわれわれは魅了されるわけですが、それが不自由で抑圧的なシステムとセットなのだとしたら、必ずしも幸福な状態ではない（笑）。

山本　そうそう（笑）。以前「日本でスティーヴ・ジョブズのような人を生み出すための計画」というなんだか矛盾したようなプロジェクトがあったのを思い出します。できることがあるとしたら、せめてそういう人が出てきたときに邪魔しない環境をつくるということだと思いますね。そのためには、いますぐ役に立つかどうかというモノサシだけで学問を測るのをまずやめる必要があります。

そして、役に立つかどうかわからなくても、その周りを遊動、つまりうろうろすることをよしとする。もちろん全員がうろうろしなくてもいいんですが、うろうろしたい人が、評価を気にせずうろうろできるような環境をつくっていかないと、かつての哲学がそうであったような全体を見晴らそうとするような知は育っていかないと思うんですよね。

関 連 年 表

―― 西暦1600–1900年代

西暦	出来事
	ルター『95ヶ条の論題』により、宗教改革はじまる（1517）
	レパントの海戦（1571）
1600	三十年戦争（1618－48）
	ガリレオ裁判（1633）
	ピューリタン革命（1640－60）
	第1次英蘭戦争（1652－54）
	ロンドン王立協会設立（1660）
	パリ王立諸学アカデミー設立（1666）
	名誉革命（1688－89）
1700	英西戦争（1727－29）

主な哲学者、思想家

哲学者、思想家	生年	没年
ガリレオ	1564	1642
ホッブズ	1588	1679
デカルト	1596	1650
パスカル	1623	1662
スピノザ	1632	1677
ロック	1632	1704
ニュートン	1642	1727
ライプニッツ	1646	1716
ヴォルフ	1679	1754
バークリ	1685	1753
ハチスン	1694	1746
ターンブル	1698	1748
リード	1710	
ヒューム	1711	
ルソー	1712	
アダム・スミス	1723	
カント	1724	
レッシング	1729	
モーゼス・メンデルスゾーン	1729	

関連書籍

デカルト『方法序説』（1637）
デカルト『省察』（1641）
デカルト『情念論』（1649）
ホッブズ『リヴァイアサン』（1651）
スピノザ『神学・政治論』（1670）
スピノザ『エチカ』（1677）
ロック『人間知性論』（1690）
ライプニッツ『弁神論』（1710）
バークリ『人知原理論』（1710）
バークリ『ハイラスとフィロナスの三つの対話』（1713）
ライプニッツ『モナドロジー』（1714）
ヒューム『人性論』（1739－40）
ヒューム『人間知性研究』（1748）

1800	1900

七年戦争（1756－63）
パリ条約（1763）
アメリカ独立戦争（1775－83）
フランス革命（1789－99）
トラファルガーの海戦（1805）
ラッダイト運動（1811－16）
米英戦争（1812－14）
アヘン戦争（1840－42）
アメリカ南北戦争（1861－65）
普仏戦争（1870－71）
日清戦争（1894－95）
日露戦争（1904－05）
第1次世界大戦（1914－18）
世界大恐慌（1929）

ヤコービ 1743–1819
フィヒテ 1762–1814
ヘーゲル 1770–1831
ヘルダーリン 1770–1843
シェリング 1775–1854
ショーペンハウアー 1788–1860
フォイエルバッハ 1804–1872
マルクス 1818–1883
エンゲルス 1820–1895
パース 1839–1914
ニーチェ 1844–1900
フレーゲ 1848–1925
フッサール 1859–1938
1796–
1776–
1778–
1790–
1804–
1781–
1786–

アダム・スミス『道徳感情論』（1759）
ルソー『エミール』（1762）
リード『心の哲学』（1764）
カント『美と崇高の感情に関する考察』（1764）
カント『純粋理性批判』（1781）
カント『プロレゴーメナ』（1783）
リード『人間の知的能力に関する試論』（1785）
カント『道徳形而上学の基礎づけ』（1785）
ヤコービ『スピノザ書簡』
カント『自然科学の形而上学的原理』（1786）
カント『実践理性批判』（1788）
カント『判断力批判』（1790）
フィヒテ『全知識学の基礎』（1794）
カント『道徳形而上学』（1797）
シェリング『私の哲学体系の叙述』（1801）
ヘーゲル『フィヒテとシェリングの哲学体系の差異』（1801）
ヘーゲル『精神現象学』（1807）
マルクス『資本論（第一巻）』（1867）

おわりに

第一巻の「おわりに」で、本シリーズが立ち上がる経緯について触れたので、ここでは別のことを書いておきたい。

二〇二三年の五二歳の誕生日を機に、僕は肩書きを「編集・ライター」から「人文ライター」に変えた。人文とは、哲学・思想、心理、宗教、歴史、社会、教育など、大学で「人文科学」に括《くく》られる分野のことだ。

スポーツライター、映画ライター、美術ライター、サイエンスライター、ビジネス系ライターなど、さまざまな分野でライターは活躍している。こうした個別分野のライターは、その分野の応援団的な役割をはたしているように思えた。

ところが僕の知るかぎり、人文ライターを名乗っている人はいない（いたら、ごめんなさい）。応援団となるライターがいない。これは由々しきことではないか。僕としては、人文知や人文系の学問を応援したいし、もっと応援団もいてほしい。だったら自分から名乗ってみようと思いたち、プロフィール欄に「人文ライター」と書くことにした。

人文ライターだからこそできることって何だろうか。「聞き書き」で西洋哲学史に入門する本シリーズは、そのチャレンジでもあった。試みが成功しているかどうか、自分では判断がつかないが、本シリーズによって一人でも人文系応援団が増えたら、これに勝る喜びはない。

幸いなことに、ライターではないけれど、僕よりもずっと長く人文を応援し続けている同世代の盟友がいる。本書にも登場してくれた「哲学の劇場」コンビ、山本貴光さんと吉川浩満さんだ。二人の精力的な活動には、いつも励まされ勇気づけられてきた。人文ライターとしての旗揚げ的な意味合いもある本シリーズに、応援団の先輩二人の胸を借りることができてとてもうれしい。

第一巻に引き続き、本巻もとても贅沢な本になった。上野修さん、戸田剛文さん、御子柴善之さん、大河内泰樹さんと並べば、近代哲学史のフルコースだ。海の物とも山の物ともつかぬ企画の依頼を引き受けてくださり、どうもありがとうございました。またどこかでお目にかかれますように。

＊

この『哲学史入門』は、二〇二四年四月に第一巻を発売し、それから六月にかけて、三か月連続で一冊ずつ刊行する。すでに発売されている第一巻は古代ギリシア哲学、中世哲学、ルネンサンス哲学を、第三巻は二〇世紀の哲学・現代思想を取り上げる。第三巻は、谷徹さん、飯田隆さん、清家竜介さん、宮﨑裕助さん、國分功一郎さんに登場いただく。ぜひ三冊を完走してほしい。

本シリーズは、大場旦さん、山北健司さん、倉園哲さん、田中遼さんというNHK出版四人の編集者に担当いただいた。心から感謝したい。素敵なカバーイラストを描いてくださった市村譲さんにもお礼を申し上げたい。

ではまた、『哲学史入門』第三巻でお会いしましょう！

二〇二四年四月吉日

斎藤哲也

DTP　角谷　剛
校閲　大河原晶子

斎藤哲也 さいとう・てつや
1971年生まれ。人文ライター。
東京大学文学部哲学科卒業。
人文思想系を中心に、
知の橋渡しとなる書籍の編集・構成を数多く手がける。
著書に『試験に出る哲学――「センター試験」で西洋思想に入門する』
『もっと試験に出る哲学――「入試問題」で東洋思想に入門する』
『試験に出る現代思想』(NHK出版新書)、
『読解 評論文キーワード 改訂版』(筑摩書房)など。
編集・監修に『哲学用語図鑑』『続・哲学用語図鑑
――中国・日本・英米(分析哲学)編』(田中正人著、プレジデント社)、
『現代思想入門』(仲正昌樹ほか著、PHP研究所)など。

NHK出版新書 719

哲学史入門II
デカルトからカント、ヘーゲルまで

2024年 5月10日 第1刷発行
2024年10月20日 第4刷発行

著者 上野 修 戸田剛文 御子柴善之 大河内泰樹
山本貴光 吉川浩満 斎藤哲也[編]
©2024 Ueno Osamu, Toda Takefumi, Mikoshiba Yoshiyuki, Okochi Taiju
Yamamoto Takamitsu, Yoshikawa Hiromitsu, Saito Tetsuya

発行者 江口貴之

発行所 NHK出版
〒150-0042 東京都渋谷区宇田川町10-3
電話 (0570) 009-321(問い合わせ) (0570) 000-321(注文)
https://www.nhk-book.co.jp (ホームページ)

ブックデザイン albireo

印刷 壮光舎印刷・近代美術

製本 二葉製本

本書の無断複写(コピー、スキャン、デジタル化など)は、
著作権法上の例外を除き、著作権侵害となります。
落丁・乱丁本はお取り替えいたします。定価はカバーに表示してあります。
Printed in Japan ISBN978-4-14-088719-6 C0210

NHK出版新書好評既刊

「植物の香り」のサイエンス
なぜ心と体が整うのか
塩田清二
竹ノ谷文子
ストレスや不安の軽減から集中力、記憶力など脳機能の向上、治りづらい疾患の緩和・予防まで。最新研究をもとに、第一人者がわかりやすく解説。
716

戦国武将を推理する
今村翔吾
三英傑（信長、秀吉、家康）から、『じんかん』の松永久秀や『八本目の槍』の石田三成まで、直木賞作家が徹底プロファイリング。彼らは何を賭けたのか。
717

哲学史入門Ⅰ
古代ギリシアからルネサンスまで
斎藤哲也［編］
第一人者が西洋哲学史の大きな見取り図・重要論点をわかりやすく、そして面白く示す！シリーズ第一巻は、古代ギリシアからルネサンスまで。
718

哲学史入門Ⅱ
デカルトからカント、ヘーゲルまで
斎藤哲也［編］
第二巻は、デカルトからドイツ観念論までの近代哲学を扱う。「人間の知性」と向き合ってきた知の巨人たちの思索の核心と軌跡に迫る！
719

戦時から目覚めよ
未来なき今、何をなすべきか
スラヴォイ・ジジェク
富永晶子［訳］
人類の破滅を防ぐための時間がもう残されていないとしたら——。現代思想の奇才がウクライナ戦争以後の世界の「常識」の本質をえぐり出す。
720